아지랑이 피어오르듯 아름다운 자연
뉴질랜드 일주
NEW ZEALAND

아지랑이 피어오르듯 아름다운 자연
뉴질랜드(NEW ZEALAND) 일주

초판 1쇄 발행 2023년 3월 10일

지은이 이종호
펴낸이 장길수
펴낸곳 지식과감성#
출판등록 제2012-000081호

교정 한장희
디자인 이현
편집 이현
검수 주경민
마케팅 정연우

주소 서울시 금천구 벚꽃로298 대륭포스트타워6차 1212호
전화 070-4651-3730~4
팩스 070-4325-7006
이메일 ksbookup@naver.com
홈페이지 www.knsbookup.com

ISBN 979-11-392-0966-2(03940)
값 33,000원

- 이 책의 판권은 지은이에게 있습니다.
- 이 책 내용의 전부 또는 일부를 재사용하려면 반드시 지은이의 서면 동의를 받아야 합니다.
- 잘못된 책은 구입하신 곳에서 바꾸어 드립니다.

지식과감성#
홈페이지 바로가기

이종호의 세계 기행 3

아지랑이 피어오르듯 아름다운 자연

뉴질랜드 일주
NEW ZEALAND

이종호 지음
조경현 사진

지식감정

아지랑이 피어오르듯 아름다운 자연
뉴질랜드
NEW ZEALAND

뉴질랜드의 북 섬에 있는 오클랜드에서 출발하여
북 섬과 남 섬의 관광지 7,000여 km의 거리를
자동차로 직접 운전하면서 순수한 아름다움을 간직한
뉴질랜드 자연의 모습을 감상할 수 있었던 뉴질랜드 일주 여행길

일러두기

1 2019. 3. 11. 북 섬에 있는 오클랜드에서 출발하여 55일간에 걸쳐 북 섬과 남 섬의 관광지를 일주하였다.

2 전 일정을 렌터카로 직접 운전하며 여행을 하였고 숙박, 식사 등을 현지에서 해결하였다.

3 이 책에 있는 자료는 필자가 여행 계획을 세우면서 수집하였던 자료이며, 계절에 따라 변경될 수 있으므로 사전에 확인을 하는 것이 필요하다.

4 유명 관광지의 숙소는 일찍 예약이 마감되는 경우가 있으므로 미리 예약을 해 두는 것이 좋다.

5 뉴질랜드의 도로는 경사와 굴곡이 심한 도로가 많아 속도를 내기가 어려우므로 이를 감안하여 여행 계획을 세워야 한다.

6 뉴질랜드 일주 여행은 시골의 오지 등 도로 사정이 좋지 않은 지역도 거치게 되므로 엔진오일 교환 등 자동차 정비에 신경을 많이 써야 한다.

7 이 책에 있는 일자별 여행기의 관광지별 이동거리란에 표시된 "km"는 다음 목적지까지의 거리를 표시한 것이다.

8 이 책에 표기된 구간 거리는 인터넷상의 지도에 의한 거리를 기준으로 하였다.

뉴질랜드 여행 지도

- 오클랜드
- 타우랑가
- 해밀턴
- 로토루아
- 웰링턴
- 넬슨
- 크라이스트처치
- 퀸즈타운
- 더니든
- 인버카길

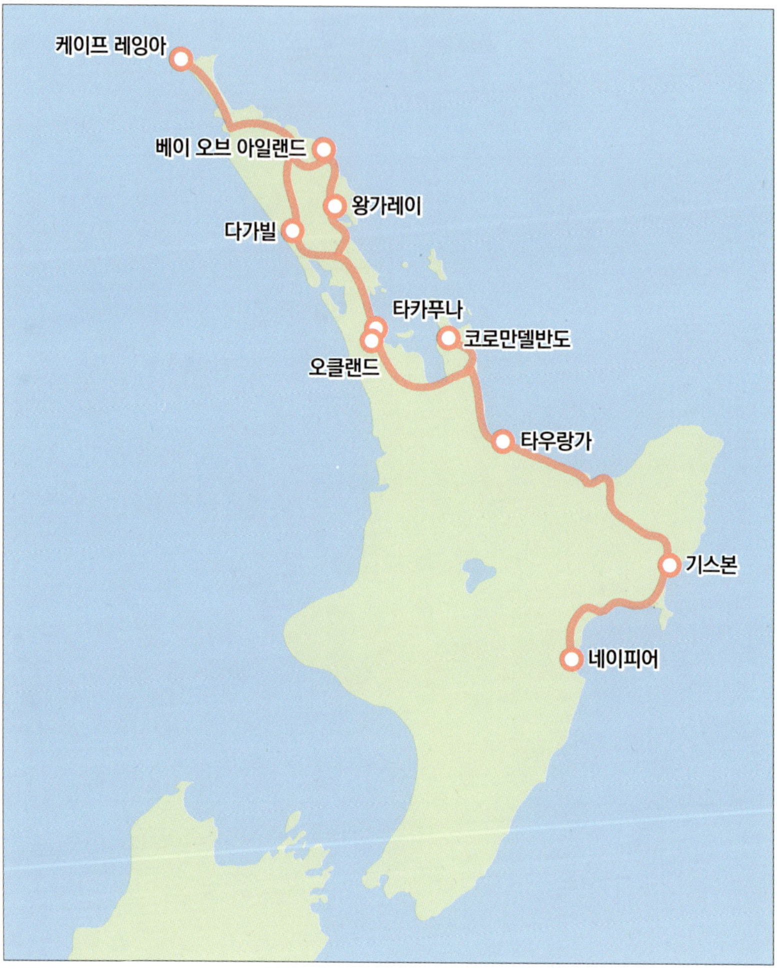

북섬1

오클랜드 ➡ 타카푸나 ➡ 왕가레이 ➡ 베이 오브 아일랜드 ➡ 케이프 레잉아 ➡ 다가빌 ➡ 코로만델반도 ➡ 타우랑가 ➡ 기스본 ➡ 네이피어

북섬2

네이피어 ➡ 타우포 ➡ 로토루아 ➡ 해밀턴 ➡ 와이토모 ➡ 황가루이 ➡ 웰링턴

남섬1

픽턴 ➡ 넬슨 ➡ 그레이마우스 ➡ 폭스 글라치어 ➡ 와나카 ➡ 퀸스타운 ➡ 테 아나우 ➡ 밀포드사운드 ➡ 인버카길 ➡ 더니든

남섬2

더니든 ➡ 마운트 쿡 국립공원 ➡ 테카포 ➡ 크라이스트처치

차례

서언 15

I 뉴질랜드 일주 여행

1 여행의 시작 18
2 여행 준비 20
3 뉴질랜드 여행 시 주의사항 22

II 뉴질랜드 일주 여행기

1 뉴질랜드(New Zealand) 현황 26
2 뉴질랜드 일주 여행의 총괄 내용 30
    가. 총괄 내용 30
    나. 여행 일자별 현황 36
3 일자별 여행기 41
    가. 북 섬 41

    제1일 인천공항 41
    제2일 오클랜드(Auckland) 43
    제3일 오클랜드(Auckland) 46
    제4일 오클랜드(Auckland) 58
    제5일 오클랜드(Auckland) 73
    제6일 오클랜드(Auckland), 타카푸나(Takapuna) 82
    제7일 타카푸나(Takapuna), 왕가레이(Wangarei) 92
    제8일 왕가레이(Wangarei) 98
    제9일 왕가레이(Whangarei), 베이 오브 아일랜드(Bay of Island) 109
    제10일 베이 오브 아일랜드(Bay of Island) 120
    제11일 베이 오브 아일랜드(Bay of Island), 파 노스(Far North) 129
    제12일 파 노스(Far North) 139
    제13일 다가빌(Dargaville) 149

제14일 코로만델 반도(Coromandel Peninsular) 159
제15일 코로만델 반도(Coromandel Peninsular) 167
제16일 코로만델 반도(Coromandel Peninsular) 177
제17일 타우랑가(Tauranga) 184
제18일 타우랑가(Tauranga) 191
제19일 기스본(Gisborne) 198
제20일 네이피어(Napier), 헤이스팅스(Hastings) 207
제21일 타우포(Taupo) 217
제22일 타우포(Taupo) 225
제23일 타우포(Taupo), 로토루아(Rotorua) 233
제24일 로토루아(Rotorua) 242
제25일 로토루아(Rotorua) 255
제26일 로토루아(Rotorua) 265
제27일 마타마타(Matamata) 275
제28일 해밀턴 & 와이카토(Hamilton & Waikato) 284
제29일 와이토모(Waitomo), 루아페후(Ruapehu) 291
제30일 루아페후(Ruapehu) 297
제31일 웰링턴(Wellington) 306
제32일 웰링턴(Wellington) 316
제33일 웰링턴(Wellington) 326

나. 남 섬 334

제34일 픽턴(Picton), 넬슨(Nelson) 334
제35일 넬슨(Nelson) 342
제36일 푸나카이키(Punakaiki), 그레이마우스(Greymouth) 349
제37일 그레이마우스(Greymouth), 빙하지대(The Glaciers) 359
제38일 빙하지대(The Glaciers) 368
제39일 와나카(Wanaka) 379
제40일 와나카(Wanaka) 389
제41일 와나카(Wanaka), 퀸스타운(Queenstown) 397
제42일 퀸스타운(Queenstown) 409
제43일 테 아나우(Te Anau) 418

제44일 밀포드 사운드(Milford Sound) 428
제45일 인버카길 & 블러프(Invercargill & Bluff) 438
제46일 인버카길 & 블러프(Invercargill & Bluff) 449
제47일 더니든(Dunedin) 458
제48일 더니든(Dunedin) 468
제49일 더니든(Dunedin) 480
제50일 푸카키(Pukaki) 488
제51일 마운트 쿡 국립공원(Mount Cook National Park), 테카포(Tekapo) 493
제52일 크라이스트처치(Christchurch) 503
제53일 크라이스트처치(Christchurch) 512
제54일 오클랜드(Auckland) 524
제55일 오클랜드(Auckland) 528

↓

마치는 글 531

서언

뉴질랜드 일주!

　뉴질랜드는 정말 아름다운 나라다.
　여행을 좋아하는 사람이라면 누구나 아지랑이 피어오르듯 아름다운 뉴질랜드의 자연을 보고 싶어 하는데, 이번에 뉴질랜드를 일주하게 된 것은 큰 행운이다.

　그러나 55일간에 걸친 대장정의 여행길을 안내자 없이 렌터카로 여행한다는 것은 많은 어려움이 따른다. 렌터카를 이용한 자유여행은 패키지여행보다 자유롭게 뉴질랜드의 문화와 예술, 아름다운 자연을 자유롭게 느껴 볼 수 있는 장점이 있지만 낯설고 익숙하지 않은 여행지라 사전에 많은 준비가 필요하다.

　이번 뉴질랜드 일주 여행은 뉴질랜드의 북 섬에 있는 오클랜드(Auckland)에서 시작하여 동쪽 방향으로 이동하며 타카푸나, 왕가레이를 거쳐 북 섬의 최북단에 있는 케이프 레잉아 등대를 둘러보고 웰링턴에서 카페리를 타고 남 섬에 있는 픽턴으로 이동한다. 남 섬에서 서쪽 방향으로 이동하며 프란츠 조셉 빙하, 퀸스타운, 크라이스트처치 등 남 섬에 있는 관광지를 모두 돌아보는 여행으로 뉴질랜드의 다양하고 아름다운 자연을 가슴 깊이 느껴 볼 수 있는 여행이다.

　여행 기간이 55일이나 되어 주변에서 많은 염려와 격려를 하여 주셨고, "cafe.daum.net/KOREANDULLEGIL"에 올린 필자의 여행기를 읽으며 같이 동참하고 격려해 주신 분들이 많이 있어서 큰 힘이 되었다.

　여행 기간 동안 많은 관심과 성원을 보내 준 친구와 주변의 모든 분들에게 감사드리며, 이 책의 출판을 위해 많은 시간을 할애하여 주신 편집진 모두에게 감사드린다.

**2019년 11월
송파동 사무실에서**

I

뉴질랜드 일주 여행

1
여행의 시작

뉴질랜드 일주!

너무나 꿈에 그리던 여행이다. 그러나 뉴질랜드 일주는 7,000km에 달하는 길로, 렌터카를 직접 운전하면서 여행을 한다는 것은 쉽지 않은 일정이다.

패키지여행을 하면 여행사에서 모든 것을 준비해 주어 편안한 여행이 될 수 있겠지만 장기간의 여행은 여행사의 도움을 받는 데 한계가 있다.

그래서 직접 여행지를 선택하고 숙박과 식사를 해결하며 직접 운전을 해야 하는 등 여러 가지 어려움을 감수하고 새로운 자연에서 내 마음대로 자유분방하게 보고 듣고 느끼고 생각할 수 있는 자유여행을 선택하였다.

처음 여행 계획을 세우는 것부터 힘든 작업이었다. 가 보지 않은 지역을 여행하는 것이므로 계획이 철저하지 않으면 여행지에서 그만큼 어려움이 따른다.

그러나 알래스카 일주 여행과 캐나다 횡단 여행을 한 경험이 있어 계획을 세우는 데 많은 도움이 되었다.

뉴질랜드 일주 여행은 많은 여행자들이 가 보고 싶어 하는 아름다운 관광지가 모두 포함되어 있는 꿈의 여행 코스이다. 그러나 많은 시간이 소요되고 장소와 계절에 따른 여건의 변화가 많아 감히 도전하기 힘든 것도 사실이다.

자연을 그대로 보존하려는 정책으로 모든 도로가 자연을 훼손하지 않도록 자연의 모습대로 만들어져 있어 도로의 굴곡과 고저가 많아 자동차를 운전하기에 어려움이 많았다. 그러나 이렇게 보존한 자연이기에 더욱 값지고 아름다움을 간직할 수 있었다는 생각이 든다.

이제 뉴질랜드 일주 여행이 시작된다. 아름다운 자연에 대한 기대가 크다.

2
여행 준비

뉴질랜드 일주 여행길은 대부분 처음 가 보는 여행지라 뉴질랜드 관광청 홈페이지(www.newzealand.com), 여행 관련 책자, 인터넷 등을 참고하여 여행지에 대한 자료를 수집하였다.

여행 기간과 여행할 도시를 정하고 여행할 도시에서 볼 관광지, 관광지 간 이동 시간, 숙소, 식사 문제 등을 검토하여 소요예산을 산정하는 등 여행 일정에 대한 계획을 수립하였다.

여행에 필요한 국제운전면허증, 유스호스텔 회원증을 발급받았다. 뉴질랜드는 90일 이내의 관광 여행은 비자가 면제된다.

항공과 렌터카, 호텔 등을 예약하였는데 호텔의 경우 여름철 여행 성수기인 12월부터 3월까지는 평상시보다 숙박료가 많이 비싸지고 유명 관광지의 저렴한 호텔은 일찍 예약이 끝나는 경우가 많으므로 일찍 예약하는 것이 좋다.

여행자 보험은 사고의 경우와 질병의 경우에 적용되는 보험을 가입하고 렌터카 보험은 렌터카를 예약할 때 일반 보험과 풀커버 보험에 모두 가입하였다.

자료검색이나 관광지 간 이동 등에 꼭 필요한 인터넷은 뉴질랜드에서 잘 작동하는 뉴질랜드 칩을 구입하였다. 이 칩은 미리 구입하여 두었다가 공항에 가서 출국하기 전에 스마트폰에 끼워서 사용하면 된다.

뉴질랜드에서 사용할 수 있는 내비게이션을 구입하고 현지에서 시간을 절약할 수 있도록 내비게이션에 내가 가고자 하는 관광지를 모두 입력하였다.

여행에 필요한 준비물도 점검하였다.

- 여권, 국제운전면허증, 국내운전면허증, 신용카드, 환전한 현금, 여행 계획서, 지도
- 운동화, 등산화, 겉옷, 속옷, 수영복, 양말, 팔 토시, 장갑, 모자
- 소화제, 물파스, 방충제, 반창고, 소독약, 진통제, 지사제, 감기약, 면봉, 평소 먹던 약
- 세면도구, 수건, 우산, 우의, 화장지, 칼, 카메라, 쌍안경, 선크림, 선글라스
- 휴대폰, 예비용 건전지, 랜턴, 필기도구, 비닐봉지, 나침반, 컵, 바늘과 실, 손톱깎이, 인터넷 칩, 내비게이션
- 그 외에 김, 햇반 등

3
뉴질랜드 여행 시 주의사항

1 자신의 신체적 조건과 건강상태에 맞는 여행 계획을 세운다. 특히 하이킹을 하려면 무리하지 않게 시간을 넉넉히 잡는다.

2 위급 상황 시 긴급히 연락할 수 있도록 비상 연락망을 구축한다. 비상시 연락할 수 있는 대사관 등 연락처를 확인한다.

3 시골길이나 오지의 경우 휴대폰의 배터리가 많이 소모되므로 휴대폰의 배터리 관리에 주의하여야 한다.

4 밤에는 여행하는 것을 자제한다.

5 여권, 신용카드, 현금 등 귀중품은 분실되지 않도록 별도 관리한다.

6 렌터카는 우리나라의 경우와 반대로 오른쪽에 운전석이 있으므로 교통법규를 잘 숙지하여야 한다.

7   렌터카 인수 시 국제면허증과 국내면허증을 모두 제시하여야 하므로 미리 준비한다.

8   도로의 고저와 회전 각도가 심한 곳이 많아 관광지 간 이동 시 시간이 많이 소요되므로 여행 계획을 세울 때 이를 참고하여야 한다.

9   렌터카에 항상 많은 짐을 싣고 다니게 되므로 물품 관리와 자동차의 엔진오일 교환 등 자동차 정비에 많은 신경을 쓴다.

10   운전 중에는 지정 속도를 준수하여야 하고 특히 학교나 마을 앞을 지날 때 감속 운전하는 것을 잊지 말아야 한다.

11   자연환경을 훼손하거나 오염시키지 않도록 주의하여야 하며 현지 주민의 생활 방식과 문화를 존중한다.

II

뉴질랜드 일주 여행기

1
뉴질랜드(New Zealand) 현황

가. 뉴질랜드의 역사

뉴질랜드는 오스트레일리아에서 동남쪽으로 약 1,600km 떨어져 있으며 남위 33~53°사이(남북 길이 1,600km), 서경 162~173°사이(동서 길이 450km)에 있다. 국토 면적은 270,692㎢(남한의 2.7배)이며 폭 32km의 쿡 해협을 끼고 있는 노스 섬(North Island)·사우스 섬(South Island)과 기타 많은 작은 섬으로 이루어져 있다.

폴리네시아인들이 뉴질랜드에 정착한 것은 AD 1000년경부터이다. 1642년 12월 네덜란드 탐험가 아벨 타스만(Abel Janszoon Tasman, 1603~1659)에 의해 주요 섬들이 처음 발견되었고, 1769년 제임스 쿡 선장(Captain James Cook, 1728~1779)이 이 섬들의 지도를 만들었다.

1840년 영국 직할 식민지가 되었다가 1852년 뉴질랜드 헌법에 따라 식민지는 6개 주로 나뉘고 뉴질랜드 정부가 들어서게 되었다. 1907년 대영제국 내 자치령의 지위를 부여받았고 1931년 웨스트민스터 법에 따라 자치정부의 수립이 허용되었으나 자치국으로서의 정식 인정은 1947년에 이루어졌다.

나. 뉴질랜드의 사회

뉴질랜드는 영국연방 내의 민주 독립국가로서 입헌군주국이다. 국가원수는 영국 국왕이고 뉴질랜드 정부의 추천으로 영국 국왕에 의해 지명되는 5년 임기의 총독이 대표한다. 국왕과 총독에게 총리를 비롯한 내각 각료들에 대한 임면권과 의회 해산권, 군통수권 등의 강력한 헌법상의 권한들이 있기는 하지만, 뉴질랜드 의회나 내각 혹은 국민들의 요청이 있는 경우에만 사용되었다. 정부수반은 총리이다. 단원제 의회가 입법권을 행사하며, 의원은 3년 임기로 선출된다. 수도는 웰링턴이다.

인구는 475만 명(2018 추계)이며 유럽계(70%)와 마오리족(8%), 태평양제도인 등이다. 공용어는 영어와 마오리어이다. 종교는 개신교와 로마가톨릭으로 구성된 그리스도교가 많다.

뉴질랜드의 문화적 환경은 유럽풍이 강하면서도 마오리족의 전통 문화와 예술을 되살린 복합적 요소를 갖는다. 20세기 후반 이후 마오리족의 사회·경제적 활동 범위가 넓어지면서 뉴질랜드 정치 발전의 중심으로 자리 잡았다.

뉴질랜드 경제는 농업·중소기업·서비스업에 기반을 둔 선진적 시장경제이며 특히 목양업이 발달했다.

뉴질랜드는 제1·2차 세계대전 동안 군대, 양모, 식량을 제공하여 영국을 지원했다. 제2차 세계대전 시 유럽의 전쟁터에 군대를 파견하였고 1941년 이후 일본의 직접적인 위협을 받게 되면서 태평양 전쟁에 참전하였다.

뉴질랜드는 1949년 7월 한국을 정식 승인한 후, 1950년 6·25전쟁 때 군인 6,020명을 파병하였으며 1962년 3월 한국과 정식 외교 관계를 수립하였다. 1971년 6월 주한 뉴질랜드 대사관과 주 뉴질랜드 한국대사관이 개설되었고, 1973년에 코트라(KOTRA) 오클랜드 무역관이 개설되었다.

2017년 기준 뉴질랜드에 거주하고 있는 재외동포는 33,403명이며, 한국에 거주하고 있는 뉴질랜드 국적의 등록외국인은 2016년 기준 774명이다.

다. 기후와 시차

뉴질랜드는 남반구의 온대에 위치하고 있어 한국의 기후와 정반대이다. 하루 중에도 일교차가 심하고 일조량이 많으며 자외선이 강하다.

한국과 시차는 3시간(서머타임 기간인 10월 첫째 일요일부터 3월 셋째 일요일까지는 4시간)이다.

라. 여행

　우리나라에서 북 섬에 있는 오클랜드까지 직항이 있어 여행하기에 편리하다. 여행의 최적기는 12월~3월이며 90일 이내의 관광 목적의 경우는 비자가 필요 없다.

　전압 230V, 240V / 50Hz이며 콘센트가 맞지 않을 때는 연결 잭을 사용하면 된다. 화폐단위는 뉴질랜드달러(New Zealand dollar/NZ$)이다. 자동차의 운전대가 우리나라 차량과 반대라 자동차 운전 시 주의가 필요하다.

2
뉴질랜드 일주 여행의 총괄 내용

가. 총괄 내용

　북 섬에 있는 오클랜드(Auckland)에서 여행을 시작한다. 남반구 최대 규모의 스타 돔 천문대와 세계 최초의 해저 수족관인 캘리 탈튼 수족관(Kelly Tarlton), 오클랜드 타워 등 오클랜드 시내의 유명 관광지를 둘러본다.

　타카프나(Takapuna)의 마운트 빅토리아(Mt. Victoria)를 관광하고, 왕가레이(Whangarei)에서 클라팜 국립 시계 박물관과 수령 500년 이상 된 카우리 나무가 우거진 A.H. 리드 메모리얼 카우리 파크를 관광한다.

　베이 오브 아일랜드(Bay of Island)에서 파이히아(Paihia) 섬 일주 크루즈를 타고 홀 인 더 록(Hole in The Rocks) 주변의 아름다운 바다를 즐긴다.

　"와이탕이 조약"이 체결된 와이탕이 내셔널 리저브(Waitangi National Reserve)를 관광하고, 북 섬의 최북단에 있는 케이프 레잉아 등대(Cape Rainga Lighthouse)에서 태즈만 해와 태평양이 만나는 분기점을 본다.

코로만델 반도(Coromandel Peninsular)에서 세계에서 가장 큰 카우리 거목이 있는 카우리 그루브(Kauri Groove)와 드라이빙 크릭 철도(Driving Creek Railway)를 타고 은고사리가 우거진 밀림지대를 관광하고, 영화 〈나니아 연대기〉의 촬영지 캐시드럴 코브(Cathedral Cove)를 관광한다.

타우랑가(Tauranga)에서 몬마우스 요새(Monmouth Redoubt)를 둘러보고, 마누카 꿀을 체험할 수 있는 익스피리언스 콤비타를 방문한다.

기스본(Gisborne)에서 뉴질랜드를 발견한 캡틴 쿡 & 영 닉의 동상을 둘러보고, 한국 작가들의 작품이 전시된 타이라히티 박물관을 관람한다.

네이피어(Napier)에서 사운드 셸 & 콜로네이드(Sound Shell & Colonnade)와 뉴질랜드 국립 수족관(National Aquarium of New Zealand)을 관람한다.

타우포(Taupo)에서 타우포 크루즈(Taupo Cruise)를 타고 마오리 정신을 상징하고 있는 마오리 록 카빙(Maori Rock Carving)을 관광한다.

타우포 번지(Taupo Bungy) 점프를 관람하고 화산활동으로 생긴 간헐천과 동굴이 있는 오라케이 코라코(Ofrakei Korako)를 관광한다.

로토루아(Rotorua)에서 화려한 컬러의 간헐천 와이오타푸 서멀 원더랜드(Wai-O-Tapu Thermal Wonderland)와 와이망구 계곡, 로토루아에서 가장 크고 유명한 지열지대인 테 푸이아(Te Puia)를 관광한다. 테 와이로아 매몰촌(Te Wairoa Burreed Village)과 로토루아를 세계적인 온천 휴양도시로 만든 폴리네시안 스파를 체험하고, 스카이라인(skyline)의 곤돌라를 타고 농고타 산(Mount Ngongotaha) 정상에 올라가 로토루아 시내를 조망한다.

수륙 양용차를 타는 덕 투어(Rotorua Duck Tours)에 참가하여 육지와 물을 자유자재로 다니는 신기한 체험을 하고, 아그로돔(Agrodome)을 방문하여 양몰이 쇼, 양털 깎기 쇼, 소 젖 짜기 시범을 관람한다.

마타마타(Matamata)에서 영화 〈반지의 제왕〉의 배경이 된 호빗들이 사는 호비톤 마을(Hobbiton Movie Set)을 관광한다.

뉴질랜드 제4의 도시인 해밀턴 & 와이카토(Hamilton & Waikato)에서 와이카토 박물관(Waikato Museum)과 남반구 최초로 세워진 모르몬교 사원인 뉴질랜드 템플(New Zealand Temple)을 관광한다.

와이토모(Waitomo)에서 반딧불의 향연이 황홀하게 펼쳐지는 와이토모 동굴(Waitomo Caves)과 수만 년 된 종유석으로 이루어진 아라누이 동굴(Aranui Caves)을 관람한다.

루아페후(Ruapehu)의 통가리로(Tongariro) 국립공원에서 루아페후 산(Mt. Ruapehu)의 웅장한 모습을 감상한다.

뉴질랜드의 수도 웰링턴(Wellington)에서 벌집처럼 생긴 정부청사 비하이브와 국회의사당(The Beehive & Parliament House)을 관광한다. 국립 박물관 파파(Museum of New Zealand Te Papa)와 영화 〈킹콩〉, 〈나니아 연대기〉 등을 제작한 영화 제작소 웨타 케이브(The Weta Cave)를 관광한다.

북 섬의 여행을 마치고 웰링턴에서 남 섬의 픽턴(Picton)으로 이동한다.

픽턴(Picton)에서 에드윈 폭스 해양 박물관(The Edwin Fox Maritime Museum), 픽턴 박물관(Picton Museum)을 관광한다.

넬슨(Nelson)에서 민속촌 파운더스 헤리티지 공원(Founders Heritage Park)과 뉴질랜드의 중심인 뉴질랜드 배꼽(Centre of New Zealand)을 관광한다.

푸나카이키(Punakaiki)에서 겹겹이 쌓인 석회질 바위가 마치 팬케이크를 쌓아 놓은 것 같이 아름다운 팬케이크 록(Pancake Rocks)을 관광한다.

그레이마우스(Greymouth)에서 골드러시 시대의 도시를 복원해 놓은 민속촌 산티 타운(Shanty Town)을 관광한다.

빙하지대(The Glaciers)에서 헬리콥터를 타고 프란츠 요셉 빙하(Franz Josef Glacier)를 체험하고, 폭스 빙하(Fox Glacier)를 관광한다.

남 섬 제3의 휴양지 와나카(Wanaka)에서 퍼즐링 월드(Puzzling World)를 관람하고, 마운트 아스파이어링(Mount Aspiring)에 있는 로브 로이 워크(Rob Roy Walks)를 트레킹 한다.

퀸스타운(Queenstown)에서 세계 최초의 상설 번지점프장 번지점프 브리지(Aj Hackett Bungy Bridge)와 뉴질랜드의 개척시대를 재현해 놓은 민속촌 애로타운(Arrowtown)을 관광한다. 곤돌라를 타고 보브스 피크 정상에 올라 와카티푸 호수의 아름다운 경치를 감상하고, 와카티푸 호수에서 남반구 최후의 증기선 언슬로 호를 타고 비췻빛의 와카티푸 호수를 유람한다.

테 아나우(Te Anau)에서 거울 호수(Mirror Lake)와 마리안 호수(Lake Marian)를 감상하고, 밀포드 사운드에서 크루즈(Milford Sound Cruise)를 타고 밀포드 사운드의 피오르드 지형과 변화무쌍한 자연 경관을 감상한다.

세계 최남단의 도시 인버카길 & 블러프(Invercargill & Bluff)에서 와흐너 플레이스(Wachner Place)와 켈틱 마오리 벽(Celtic Maori Wall)을 둘러보고, 뉴질랜드 최남단의 도시에 있는 스털링 포인트(Stirling Point)를 방문한다.

남 섬 제2의 도시 더니든(Dunedin)에서 기암절벽으로 이루어진 터널 비치(Tunnel Beach)와 아름다운 라나크 캐슬(Larnach Castle)을 관광하고 세계에서 가장 경사가 심한 도로 볼드윈 스트리트(Baldwin Street)를 관광한다. 타이에리 협곡 열차(Taieri Gorge Railway)를 타고 기차여행의 낭만을 즐긴다.

푸카키(Pukaki)에서 에메랄드빛 푸카키 호수를 감상하고, 마운트 쿡 국립공원(Mount Cook National Park)에서 후커 밸리 트랙(Hooker Valley Track)과 블루 호수 & 타스만 빙하 트랙(Blue Lake & Tasmam Glacier View Walk)을 산책하며 마운트 쿡의 장엄한 모습을 감상한다.

테카포(Tekapo)에서 착한 양치기의 교회(Church of Good Shepherd)와 바운더리 개 동상(Boundary Dog Statue)을 관광한다.

뉴질랜드 제2의 도시이며 남 섬 제1의 도시 크라이스트처치(Christchurch)에서 곤돌라(Christchurch Gondola)를 타고 산 정상에 올라 크라이스트처치 시내의 아름다운 모습을 조망하고, 대성당 광장(Cathedral Square)에 있는 지진으로 파괴된 대성당(The Cathedral)을 둘러본다.

아름다운 보타닉 가든(Botanic Gardens), 캔터베리 박물관(Canterbury Museum)을 관광하고 국제 남극 센터(International

Antarctic Centre)에서 남극의 기후를 체험한다.

이렇게 55일간 7,000여 km에 달하는 길을 직접 운전하며 뉴질랜드의 아름다운 자연을 가슴 깊이 느껴 보게 되는 여행길이다.

나. 여행일자별 현황

날짜	일자	관광지역	관광코스	거리 (km)
제01일	2019. 03. 11	인천공항	인천공항 출발	
제02일	2019. 03. 12	오클랜드	오클랜드 공항 ➡ Siesta Motel	16.3
제03일	2019. 03. 13	오클랜드	원 트리 힐 ➡ 스타 돔 천문대 ➡ 마운트 이든 ➡ 아칠리 포인트 전망대 ➡ 미션 베이 ➡ 세비지 메모리얼 파크	40.3
제04일	2019. 03. 14	오클랜드	켈리 탈튼 수족관 ➡ 오클랜드 전쟁기념 박물관 ➡ 윈터 가든 ➡ 앨버트 파크 ➡ 오클랜드 미술관 ➡ 오클랜드 대학	25.3
제05일	2019. 03. 15	오클랜드	오클랜드 동물원 ➡ 아오테아 광장 ➡ 오클랜드 타워 ➡ 빅토리아 파크 마켓	21.2
제06일	2019. 03. 16	오클랜드	아메리카스 컵 빌리지 ➡ 뉴질랜드 국립 해양 박물관 ➡ 피시 마켓 ➡ 하버 브리지 ➡ 마운트 빅토리아 ➡ 쇼어 시티 쇼핑센터 ➡ 타카푸나 비치 홀리데이 공원	33.2
제07일	2019. 03. 17	타카푸나, 왕가레이	Joseph's Catholic Church ➡ 세익스피어 리저널 파크 ➡ 와이웨라 온천 ➡ 오마하 비치	227.0
제08일	2019. 03. 18	왕가레이	카메론 스트리트 몰 ➡ 타운 베이슨 ➡ 클라팜 국립 시계 박물관 ➡ 왕가레이 아트 뮤지엄 ➡ 보타니카 왕가레이 식물원 ➡ 오션 비치 ➡ 파리하카 전망대	87.2

제09일	2019. 03. 19	왕가레이, 베이 오브 아일랜드	A.H. 리드 메모리얼 카우리 파크 ➡ 왕가레이 폭포 ➡ 폼팔리에 미션 앤 프린터리 ➡ 러셀 박물관 ➡ 크라이스트 교회 ➡ 플래그스태프 힐	95.5
제10일	2019. 03. 20	베이 오브 아일랜드	Bay of Islands i-SITE Visitor Information Centre ➡ 하루루 폭포	12.6
제11일	2019. 03. 21	베이 오브 아일랜드, 파 노스	와이탕이 내셔널 리저브 ➡ 스톤 스토어 & 켐프 하우스 ➡ 케이프 레잉아 등대	264.0
제12일	2019. 03. 22	파 노스	90마일 비치 ➡ 카우리 왕국 ➡ 와이포우아 카우리 숲 ➡ Waipoua Visitors Centre and Campground	278.0
제13일	2019. 03. 23	다가빌	다가빌 박물관 ➡ 마타코헤더 카우리 박물관 ➡ 무리와이 비치 ➡ 피하 비치	294.0
제14일	2019. 03. 24	코로만델 반도	성베네딕트 성당 ➡ 광물 학교 & 박물관 ➡ 템스 역사 박물관 ➡ 굴 양식장 ➡ 카우리 그루브 ➡ 와이아우 폭포	236.5
제15일	2019. 03. 25	코로만델 반도	크릭 철도 & 포터리스 ➡ 콜빌 ➡ 포트 잭슨 ➡ 플레저 베이	153.0
제16일	2019. 03. 26	코로만델 반도	전쟁기념비 ➡ 캐시드럴 코브 ➡ 핫 워터 비치 ➡ 와이히 비치	149.0
제17일	2019. 03. 27	타우랑가	로빈스 파크 ➡ 몬마우스 요새 ➡ 피시 마켓 ➡ 마운트 핫 플스	73.3
제18일	2019. 03. 28	타우랑가	맥라렌 폭포 ➡ 익스피리언스 콤비타 ➡ 키위 프루트 컨트리	316.0
제19일	2019. 03. 29	기스본	캡틴 쿡 & 영 닉의 동상 ➡ 시계탑 ➡ 보타닉 가든 ➡ 타이라히티 박물관 ➡ 캡틴 쿡 기념공원 ➡ 카이티 힐	221.3
세20일	2019. 03. 30	네이피어, 헤이스팅스	사운드 셸 & 콜로네이드 ➡ 호크스 베이 박물관 ➡ 뉴질랜드 국립 수족관 ➡ 스피리트 오브 네이피어 ➡ 케이프 키드내퍼스 ➡ 헤이스팅스 인포메이션 센터	50.0

제21일	2019. 03. 31	타우포	ST. Peter Chanel Catholic Church ➡ 타우포 드 브레츠 핫 스프링스 ➡ 타우포 박물관 & 미술관 ➡ 보트 하버	241.0
제22일	2019. 04. 01	타우포	타우포 번지 전망대 ➡ 타우포 이벤트 센터, AC 배스 ➡ 후카 폭포 ➡ 후카 허니 하이브 ➡ 와이라케이 테라스 ➡ 와이라케이 지열발전소	25.3
제23일	2019. 04. 02	타우포, 로토루아	아라티아티아 수력발전소 ➡ 오라케이 코라코 ➡ 와이오타푸 서멀 원더랜드	111.0
제24일	2019. 04. 03	로토루아	와이망구 계곡 ➡ 테 푸이아	43.6
제25일	2019. 04. 04	로토루아	레드우드 트리워크 ➡ 테 와이로아 매몰촌 ➡ 거번먼트 가든 ➡ 폴리네시안 스파	36.8
제26일	2019. 04. 05	로토루아	레인보우 스프링스 ➡ 스카이라인 로토루아 호수 ➡ 덕 투어 ➡ 아그로돔	36.5
제27일	2019. 04. 06	마타마타	티라우 ➡ 호비톤 마을 ➡ 퍼스 타워 역사 박물관	97.6
제28일	2019. 04. 07	해밀턴 & 와이카토	Saint Matthew's Catholic Church ➡ 해밀턴 가든 ➡ 와이카토 박물관 ➡ 해밀턴 호수 ➡ 뉴질랜드 템플	146.0
제29일	2019. 04. 08	와이토모, 루아페후	와이토모 동굴 ➡ 아라누이 동굴	151.0
제30일	2019. 04. 09	루아페후	통가리로 국립공원 관광안내소 ➡ 타라나키 폭포 ➡ Mangawhero Falls ➡ 군사 박물관	151.0
제31일	2019. 04. 10	웰링턴	올드 세인트 폴 교회 ➡ 웰링턴 박물관 ➡ Queen's Warf ➡ 국회의사당	235.2
제32일	2019. 04. 11	웰링턴	쿠바 몰 ➡ 관광안내소 ➡ 시빅 스퀘어 ➡ 국립 박물관 파파 ➡ 콜로니얼 코티지 박물관 ➡ 카터 천문대 ➡ 보타닉 가든	9.8
제33일	2019. 04. 12	웰링턴	마운트 빅토리아 ➡ 웨타 케이브 ➡ 북 섬의 인터아일랜더 페리 터미널 ➡ 남 섬의 픽턴 페리 터미널	118.0

제34일	2019. 04. 13	픽턴, 넬슨	에드윈 폭스 해양 박물관 ➡ 에코 월드 픽턴 아쿠아리움 ➡ 픽턴 박물관 ➡ 파운더스 헤리티지 공원	115.0
제35일	2019. 04. 14	넬슨	Our Lady of Perpetual Help Catholic Church ➡ 뉴질랜드 배꼽 ➡ 슈터 미술관 ➡ 크라이스트처치 성당 ➡ 타후나누이 해변	80.8
제36일	2019. 04. 15	푸나카이키, 그레이마우스	블러 계곡의 흔들다리 ➡ 팬케이크 록	297.0
제37일	2019. 04. 16	그레이마우스, 빙하지대	시계탑 ➡ 레프트 뱅크 아트 갤러리 ➡ 히스토리 하우스 박물관 ➡ 샨티 타운 ➡ 관광안내소	183.1
제38일	2019. 04. 17	빙하지대	Franz Josef Glacier Guides ➡ 레이크 마테존 워크 ➡ Fox Glacier Lookout	43.6
제39일	2019. 04. 18	와나카	Thunder Creek Falls ➡ Fantail Falls ➡ 블루 풀즈 워크 ➡ Lake Wanaka Lookout ➡ 퍼즐링 월드	261.0
제40일	2019. 04. 19	와나카	롭 로이 글라시어 트레일 헤드 앤드 카 공원	105.0
제41일	2019. 04. 20	와나카, 퀸스타운	아드모어 스트리트 ➡ 마운트 아이언 ➡ 번지점프 브리지 ➡ 애로타운 온센 스파	90.7
제42일	2019. 04. 21	퀸스타운	St Josephs Parish ➡ 키위 & 야생 조류 공원 ➡ 스카이라인 콤플렉스 ➡ 퀸스타운 가든 ➡ Real Journeys Visitor Center	5.7
제43일	2019. 04. 22	테아나우	Lake wakatipu view point ➡ 테 아나우 ➡ 테 아나우 다운스 ➡ 거울 호수 ➡ Lake Gunn ➡ Lake Marian Trail Car Park	321.0
제44일	2019. 04. 23	밀포드 사운드	거울 호수 ➡ 호머 터널 ➡ 밀포드 사운드 주차장 ➡ 더 캐즘	178.0

제45일	2019. 04. 24	인버카길 & 블러프	와흐너 플레이스 ➡ 켈틱 마오리 벽 ➡ 인버카길 세노테프 ➡ 교통 박물관 ➡ 수도 탑 ➡ 퀸스 파크	191.2
제46일	2019. 04. 25	인버카길 & 블러프	블러프 힐 ➡ 전쟁기념탑 ➡ 스털링 포인트 ➡ 블러프 해양 박물관 ➡ 퀸즈 파크	63.4
제47일	2019. 04. 26	더니든	터널 비치 ➡ 로열 앨버트로스 센터 ➡ 오타고 반도 박물관 ➡ 라나크 캐슬	269.0
제48일	2019. 04. 27	더니든	퍼스트 교회 ➡ 로버트 번스 동상 ➡ 세인트 폴 교회 ➡ 더니든 미술관 ➡ 중국 정원 ➡ 토이투 이주민 박물관 ➡ 오타고 박물관 ➡ 올베스톤 저택 ➡ 볼드윈 스트리트 ➡ 시그널 힐	22.9
제49일	2019. 04. 28	더니든	더니든 기차역 ➡ 세인트 클리어 비치	11.1
제50일	2019. 04. 29	푸카키	푸카키 호수 ➡ 알파인 라벤더 농장	304.0
제51일	2019. 04. 30	마운트 쿡 국립공원, 테카포	Aoraki Mount Cook Village ➡ White Horse Hill Campground ➡ Tasman Glacier 주차장 ➡ 착한 양치기의 교회 ➡ 테카포 스프링스	197.0
제52일	2019. 05. 01	크라이스트처치	에어포스 뮤지엄 ➡ 크라이스트처치 곤돌라 ➡ 대성당 광장 ➡ 빅토리아 광장	244.4
제53일	2019. 05. 02	크라이스트처치	기억의 다리 ➡ 아트 센터 ➡ 보타닉 가든 ➡ 캔터베리 박물관 ➡ 퀘이크 시티 ➡ 크리이스트처치 아트 갤러리 ➡ 국제 남극 센터	18.1
제54일	2019. 05. 03	오클랜드	크라이스트처치 공항, Auckland Airport	5.2
제55일	2019. 05. 04	오클랜드	Auckland Airport	4.3
			계	7008.0

3
일자별 여행기

가. 북 섬(North Island)

DAY 01 | 인천공항
2019. 3. 11. 월

뉴질랜드 일주 여행을 시작하는 첫날이다. 새로운 세계에 도전하는 마음으로 가슴이 설렌다.

삼성동에 있는 도심공항터미널에서 출국수속을 하고 짐을 부치고 나니 홀가분하다.

인천공항 제2터미널에 도착하니 많은 사람들로 붐빈다. 하늘은 미세먼지로 가득하여 온통 회색빛이다.

오후 5시 5분 비행기가 이륙한다. 오랜 가뭄 끝에 이슬비가 서서히 내리고 있다. 비행기가 공항을 이륙하여 30여 분 지나니 파란 하늘이 나타나고 미세먼지로 가득한 하늘과 둘로 갈라지는 광경이 선명하다.

미세먼지와 갈라지는 파란 하늘의 모습

이제 11시간이 지나면 뉴질랜드의 북 섬에 있는 오클랜드 공항에 도착하게 된다.

뉴질랜드 북 섬(North Island)의 면적은 115,000㎢이고 거대한 화산(활화산인 Mount Ruapehu 포함)과 온천이 많이 있다. 세계 문화 유적지 통가리로 국립공원(Tongariro National Park)이 있으며 강수량은 고산 지대가 없어 지형적으로 그리 심한 차이를 보이지 않고 대체로 균등하다. 겨울은 6월~8월 사이이고 눈도 내린다. 여름은 12월~2월이다.

DAY
02 | **오클랜드** Auckland
2019. 3. 12. 화

뉴질랜드 일주
NEW ZEALAND

 관광지별 이동거리

오클랜드 공항(16.3km) ➡ Siesta Motel

계 16.3km

 여행기

오전 7시경 비행기 날개 아래로 빨간 해가 찬란하게 떠오른다.

떠오르는 태양

오전 8시 10분 비행기 아래로 조그만 섬들의 모양이 보이기 시작하더니 이어서 북 섬에 있는 오클랜드 도심의 모습이 나타난다. 오클랜드 공항 옆에 있는 해변은 물이 빠져 밑바닥이 넓게 드러났다.

오전 8시 20분 뉴질랜드 북 섬에 있는 오클랜드 국제공항(Auckland Airport)에 도착하였다. 인천공항을 출발하여 11시간이 소요되어 한 밤이 지난 것이다. 하늘은 구름이 엷게 끼어 있으나 기온은 포근하여 여행하기에는 좋은 날씨다.

오클랜드(Auckland)는 하나의 광역시로 노스 쇼어(North Shore), 마누카우(Manukau), 와이타케레(Waitakere), 오클랜드가 합쳐져서 대도시를 형성하고 있으며 뉴질랜드 전체 인구의 1/3 이상이 모여 살고 있다. 살기 좋은 기후와 아름다운 자연으로 세계에서 가장 살기 좋은 도시로 기억되는 곳이며 세계에서 요트 수가 가장 많은 "요트의 도시(City of Sail)"이다.

뉴질랜드에 입국할 때는 공항에서 음식물 등 휴대품을 철저히 검사하므로 휴대품 신고를 잘 해야 한다. 휴대한 물품에 대한 검사를 받느라고 공항에서 나가는 데 다소 지체되었다.
공항 밖으로 나가 미리 예약하여 놓은 ACE 렌터카 회사에 전화를 하였더니 셔틀버스가 곧 도착한다. 셔틀버스를 타고 렌터카 회사에 도착하여 자동차를 인수받았다. 뉴질랜드에서는 국제면허증이 있어도 국내 자동차면허증이 없으면 자동차를 인수할 수 없으므로 주의하여야 한다.

자동차를 인수하고 시내로 나가는데 자동차의 운전석이 오른쪽에 있어 적응하느라고 신경이 많이 쓰인다. 슈퍼마켓과 한국식품점에 들렀다가 예약한 모텔에 도착하였다. 오른쪽에 운전석이 있는 자동차 운전에 신경이 쓰여 무척 피곤이 느껴진다. 더구나 서머타임 기간이므로 우리나라보다 4시간이 빨리 가기 때문에 아침 시간이 빨라져서 더 피곤한 것 같다.

DAY 03 | 오클랜드 Auckland
2019. 3. 13. 수

🚗 관광지별 이동거리

Siesta Motel(4.0km) ➡ 원 트리 힐(2.3km) ➡ 스타 돔 천문대(5.0km) ➡ 마운트 이든(14.6km) ➡ 아칠리 포인트 전망대(3.5km) ➡ 미션 베이(1.8km) ➡ 세비지 메모리얼 파크(9.1km) ➡ Siesta Motel

계 40.3km

🔖 여행기

오늘은 오클랜드 외곽지역의 관광지를 둘러본다. 원 트리 힐(One Tree Hill) 정상에 올라 오클랜드 시내를 조망하고 남반구 최대 규모의 스타 돔 천문대를 방문한다. 2만 년 전 폭발하였던 사화산의 분화구인 마운트 이든을 둘러보고 아칠리 포인트 전망대에서 아름다운 해변을 감상한 후 미션 베이와 세비지 메모리얼 파크를 관광하는 일정이다.

오전 9시 시에스타 모텔을 출발하였다. 날씨가 맑고 상쾌하다. 어제는 운전석이 오른쪽에 있는 차량 때문에 신경을 많이 써서 피곤하였는데 밤에 잠을 푹 자고 나니 몸이 가뿐하다.

아침 출근 시간이라 차량이 좀 밀린다. 오른쪽 운전대가 있는 차량 운전이 어제보다 많이 익숙해졌다.

울창한 가로수 길을 따라 콘월 파크(Cornwall Park)로 들어갔다. 원 트리 힐(One Tree Hill) 이정표가 보인다. 무척 큰 올리브 나무들이 언덕에 많이 심어져 있다. 고목이 된 나무등거리에는 이끼가 많이 끼어 있다.

콘윌 파크 입구

　콘월 파크(Cornwall Park)는 1901년 오클랜드 시장으로 선출된 Campbell경이 영국 왕족인 Cornwall 공작 내외가 뉴질랜드를 방문했을 때 자신의 소유였던 One Tree Hill 일대의 땅을 국가에 헌납한 후 그 공작의 이름을 따라 Cornwall Park로 명명하고 1903년 시민의 휴식처로 일반에게 공개하여 공원으로 만들어졌다.

　주차장 앞에 무척 커다란 나무가 품위 있게 서 있다. 많은 사람들이 걸어서 원 트리 힐로 올라가고 있다.

품위 있게 서 있는 나무

　산책로를 따라 원 트리 힐로 올라갔다. 해발 183m 원 트리 힐 정상에는 뉴질랜드 원주민인 '마오리' 기념탑이 높이 세워져 있고 그 앞에 오클랜드 시의 아버지(The Father of Auckland)라고 할 수 있는 존 로건 캠벨 경(Sir John Logan Campbell, 1817~1912)의 무덤과 동상이 있다. 옛날에는 원 트리 힐 언덕에 토타라 나무(Totara Tree) 한 그루가 있어서 원 트리 힐이라고 부르게 되었는데 지금은 베어지고 없다.

'마오리' 기념탑

오클랜드 시내와 공원에서 평화롭게 풀을 뜯고 있는 양들의 모습이 그림 같이 아름답게 보인다. 넓은 공원에는 고목이 된 올리브 나무들이 꽉 들어차 있어 도심 속 공원의 아름다움을 느낄 수 있다.

오클랜드 시내의 모습

평화롭게 풀을 뜯고 있는 양

원 트리 힐 정상에서 내려가 콘월 파크(Conwall Park) 아래에 위치한 스타 돔 천문대(Star Dome Observatory)를 관람하였다.

스타 돔 천문대

남반구 최대 규모로 천문대 안에 있는 500mm 천체망원경은 남십자성을 비롯한 남반구의 별들을 관측할 수 있다고 한다. 입구에 제미니 캡슐(Gemini Capsule)을 만들어 놓았고 천체 망원경, 로켓 모형이 전시되어 있다.

제미니 캡슐

스타 돔 천문대를 보고 마운트 이든(Mount Eden)을 관광하였다. 이곳은 196m의 언덕으로 2만 년 전 마지막 폭발이 있었던 사화산의 분화구라고 한다. 분화구는 잔디가 푸르게 자라고 있고 물은 고여 있지 않다.

마운트 이든의 분화구

차량이 정상까지 올라갈 수 있도록 포장된 도로가 이어지는데 많은 사람들이 걸어서 정상으로 올라간다. 분화구 위에 있는 전망대에서 오클랜드 시내와 항구가 한눈에 들어온다. 원 트리 힐보다 시내가 더 가깝게 내려다보인다.

오클랜드 시내의 모습

마운트 이든 정상의 뾰족탑

정상에는 뾰족탑이 하나 서 있고 방향별로 각 도시까지의 거리를 적은 둥근 동판이 놓여 있다.

각 도시까지의 거리를 적어 놓은 동판

마운트 이든 언덕을 내려가 아칠리 포인트 전망대(Achilles Point Lookout)로 향하였다. 세인트 헬리어스 베이(St Heliers Bay)를 지나 타마키 드라이브(Tamaki Drive)가 끝나는 지점에 있다. 클리프 로드(Cliff Rd.)라고 적인 이정표를 따라 언덕길을 5분 정도 올라가니 아칠리 포인트 전망대(Achilles Point Lookout)가 나온다. 푸른 바다가 펼쳐진 풍경이 무척 아름답다.

아칠리 포인트 전망대

아름다운 풍경을 감상하고 언덕을 되돌아 내려가니 바닷가로 내려가는 샛길이 나온다. 레이디스 비치(Ladies beach)라고 써진 이정표가 보인다. 언덕을 내려가니 바닷가에는 몇 사람이 낚시를 하고 있고 그 옆으로 조그마한 레이디스 비치가 펼쳐져 있는데 몇 사람이 일광욕을 즐기고 있다.

레이디스 비치에서 낚시하는 사람들

언덕길을 내려가 해변에 있는 식당에서 점심식사를 하였다. 스시도 있고 여러 종류의 음식이 있어 식사하기 편리하다.

식사를 마치고 미션 베이(Mission Bay)에 도착하였다. 해변에 많은 사람들이 일광욕과 수영을 즐기고 있다. 비둘기들이 과자를 받아먹으려고 사람 주변에 모여든다.

미션 베이

출렁이는 푸른 바다 건너 랑이토토 섬(Rangitoto Island)이 병풍처럼 길게 누워 있고 조그만 요트가 한가로이 떠 있다.

랑이토토 섬

해변에서 한가로운 시간을 보내고 부근에 있는 세비지 메모리얼 파크(Michael Joseph Savage Memorial Park)에 올라갔다. 캘리 탈튼(Kelly Tarlton)과 미션 베이(Mission Bay)의 중간 지점으로 완만하게 경사진 언덕길을 올라가 넓은 녹지대 바닷가 쪽에 위치하고 있다.

세비지 메모리얼 파크

    꽃밭과 분수대 기념탑 등이 있고 365일 만발한 꽃을 볼 수 있는 곳인데 지금은 꽃이 다 져서 장미만 조금 남아 있고 분수도 가동을 멈추었다. 뉴질랜드 노동당 출신의 첫 번째 총리를 지낸 Michael Joseph(1872~1940)의 동상이 바다를 향하여 우뚝 서 있다.

Michael Joseph의 동상

DAY 04 | 오클랜드 Auckland
2019. 3. 14. 목

🚗 관광지별 이동거리

Siesta Motel(8.2km) ➡ 켈리 탈튼 수족관(6.4km)
➡ 오클랜드 전쟁기념 박물관(0.5km) ➡ 윈터 가든(2.1km)
➡ 앨버트 파크(1.0km) ➡ 오클랜드 미술관(1.5km) ➡ 오클랜드 대학(5.6km)
➡ Siesta Motel

계 25.3km

여행기

오늘은 세계 최초의 해저 수족관인 켈리 탈튼 수족관을 관람하고, 와이탕이의 집회장소를 재현한 "마래(Marae)"가 있는 오클랜드 전쟁기념 박물관을 관광한다. 윈터 가든과 앨버트 파크를 둘러보고 오클랜드 미술관을 관광한 후 뉴질랜드 최고, 최대의 오클랜드 대학교를 둘러보는 일정이다.

아침에 일어나니 하늘에는 구름 한 점 없이 맑은 날씨다. 대기 오염이 없어 공기가 무척 상쾌하다.

오전 9시 시에스타 모텔을 출발하여 켈리 탈튼 수족관 & 언더워터 월드(Kelly Tarlton's Antarctic Encounter & Underwater World)에 도착하였다. 뉴질랜드의 해양탐험가 켈리 탈튼(Kelly Tarlton)이 1985년 세계 최초로 세운 해저 수족관이다.

켈리 탈튼 수족관

켈리 탈튼 수족관으로 들어가는 입구

피아노

　건물 입구의 계단을 내려가 얼음 터널같이 만들어 놓은 통로를 통하여 안으로 들어간다.

　매표소를 지나고 나니 뱃사람들의 생활도구와 생활모습을 진열해 놓은 공간이 나온다. 피아노, 인쇄기, 재봉틀 등 그 당시 사용하던 물건들이 잘 보존되어 있다.

펭귄 풀(Penguin Pool)이 이어지는데 작은 펭귄들의 모습이 아주 귀엽다.

펭귄

거대한 수조를 관통하는 길이 120m의 유리터널이 나온다. 이동식 패스가 천천히 이동하면서 상어나 가오리 같은 물고기들을 볼 수 있도록 되어 있다.

유리터널

여러 가지 진귀한 물고기는 별도의 공간으로 만들어 놓았고 무척 큰 바닷가재의 모습도 보인다.

수족관

켈리 탈튼 수족관 관람을 마치고 바닷가로 이어진 타마키 드라이브(Tamaki Drive)를 따라 오클랜드 전쟁기념 박물관으로 향하였다. 푸른 바다 건너 언덕 위에 있는 주택가와 점점이 떠 있는 요트가 아름답게 보인다.

푸른 바다와 어울린 아름다운 주택가

오클랜드 전쟁기념 박물관(Auckland War Memorial Museum)은 정원이 있는 시민들의 휴식처인 오클랜드 도매인(Auckland Domain) 안에 있다. 약간 높은 곳에 위치하고 있어 오클랜드 항이 내려다보인다. 박물관은 고딕 양식의 3층 대리석 건물로 신전처럼 장엄하다.

오클랜드 전쟁기념 박물관

1층에는 1830년경 만들어진 "테 토키 아 타피리(Te Toki a Tapiri)"라는, 길이 25m로 100명이 탈 수 있다는 카누가 전시되어 있는데 카누의 내부와 외부에 조각된 문양이 무척 아름답다.

카누

카누 한편에는 와이탕이의 마오리 집회장소를 재현해 둔 "마래(Marae)"가 있다. 건물의 내부와 외부에 무늬를 조각해서 장식을 해 놓아 무척 화려하다.

마래

마래 내부의 조각

2층은 뉴질랜드 동식물 전시관으로 지구상에서 가장 큰 새였던 "모아"의 박제와 공룡이 전시되어 있다.

모아새와 공룡

뉴질랜드 전쟁관에는 뉴질랜드 전쟁에 관한 자료들을 전시해 놓았고 메모리 홀에는 뉴질랜드 국기가 양쪽으로 걸려 있는 넓은 홀에 2차 대전에 희생된 사람들의 명단이 적혀 있다.

메모리 홀

영상관에서는 화산이 폭발해서 지진이 났던 그때의 상황을 영상으로 보여 주고 있는데 그 당시의 상황을 아주 실감나게 잘 표현하고 있다.

영상관

3층에는 제1, 2차 세계대전에 관한 자료와 유물을 전시하고 있다.

제2차 세계대전에 관해 전시된 자료

오후에는 윈터 가든(Winter Garden)을 방문하였다. 윈터 가든은 오클랜드 전쟁기념 박물관과 담 하나 사이로 접해 있다. 2개의 온실로 되어 있는 작은 식물원으로 가운데에는 원형의 광장이 만들어져 있다.

윈터 가든

유리 돔 안에 열대식물과 뉴질랜드 자생식물이 자라고 있으며 계절에 따라 꽃을 다시 배치하는 듯 지금도 꽃모종 이식 작업을 하고 있다.

윈터 가든

앨버트 파크(Albert Park)를 방문하였다. 식민지 시대에 영국군의 군대와 총독 저택이 있었던 곳으로 곳곳에 대포와 전차 등이 놓여 있다. 가운데에는 분수가 나오고 무척 큰 나무들이 공원 곳곳에 자리하고 있다.

앨버트 파크

앨버트 파크

뉴질랜드 일주
NEW ZEALAND

공원 입구 한편에 꽃시계가 보이는데 꽃이 다 지고 꽃을 다시 심기 위하여 정지작업을 해 놓은 상태다.

꽃시계

공원과 붙어 있는 오클랜드 미술관에 들어갔다. 오클랜드 미술관(Auckland Art Gallery)은 1888년 개관한 뉴질랜드 최초의 미술관이다.

M층 로비에는 배 모형을 거꾸로 매달아 놓은 것 같은 작품이 걸려 있고 자연 풍경을 담은 그림들이 전시되어 있다.

배 모양의 작품

G층에는 육중한 사람들의 육체미와 거대한 카펫이 걸려 있고 미술관 2층에 올라가니 옛날 추장 복장을 한 전시품들이 전시되어 있다.

전시물

마오리 사람들의 복장과 생활도구들이 전시되어 있고 Colin McCahon(1919~1987)의 작품 등 자연을 그린 그림들도 많이 전시되어 있다.

당대 유명한 작가 찰스 골디(Charles Goldie, 1870~1947)가 그린 마오리 추징 이다마 까파랑기(Atama Paparangi)의 초상화 등 유명한 초상화가 전시되어 있다고 했는데 이 초상화들이 보이지 않아 관리인에게 물어보니 지금은 전시되어 있지 않고 토요일에 전시된다고 한다.

오클랜드 미술관과 앨버트 공원의 반대편에 위치하고 있는 오클랜드 대학교(Auckland University)에 들어갔다. 숲속에 우뚝 자리하고 있는 시계타워(Clock Tower) 빌딩이 아주 아름답다.

이 대학교는 1883년 설립된 뉴질랜드 최고, 최대의 종합대학으로 시내 곳곳에 8개의 단과대학 캠퍼스를 두고 있으며 약 4만 명의 학생들이 수학하고 있다고 한다. 많은 학생들이 붐비고 있어 활기찬 대학가의 모습이다.

시계타워

DAY 05 | 오클랜드 Auckland
2019. 3. 15. 금

 관광지별 이동거리

Siesta Motel(7.5km) ➡ 오클랜드 동물원(5.8km) ➡ 아오테아 광장(0.9km) ➡ 오클랜드 타워(0.7km) ➡ 빅토리아 파크 마켓(6.3km) ➡ Siesta Motel

계 21.2km

📔 여행기

　오늘은 뉴질랜드 최대의 동물원인 오클랜드 동물원을 관람하고 오클랜드 시내 중심가에 있는 아오테아 광장을 둘러본다. 오클랜드 타워에 올라 아름다운 오클랜드 시내의 모습과 스릴 넘치는 스카이 점프의 모습을 가까이서 관람한 후 빅토리아 파크 마켓을 둘러보는 일정이다.

　오전 9시 시에스타 모텔을 출발하여 오클랜드 동물원에 갔다.

　오클랜드 동물원(Auckland Zoo)은 오클랜드 서남쪽에 있는 뉴질랜드 최대의 동물원으로 광대하고 훌륭한 시설을 갖추고 있으며 아프리카 대륙처럼 자연 상태를 재현해 놓았다.

오클랜드 동물원

대형 거북이가 엉금엉금 기어 다니고, 얼룩말, 물개 등이 자연 상태에서 생활하고 있는 것처럼 보인다. 귀여운 새끼 원숭이 한 마리가 줄타기를 하고 있다.

거북

줄 타는 원숭이

동물원 관광을 마치고 시내 중심가로 이동하여 아오테아 광장(Aotea Square)에 도착하였다. 최대 번화가에 있는 광장으로 마오리 조각상이 게이트처럼 세워져 있는데 많은 사람들이 구호를 외치며 집회를 하고 있다. 주로 대학생 정도로 보이는 젊은 사람들이 남녀 함께 구호를 외친다.

마오리 조각상

시청

광장 둘레에는 아기자기한 숍과 식당이 있고 시계탑이 있는 고풍스러운 오클랜드 시청이 있는데 집회를 하는 사람들 속에 모두 묻혀 버렸다.

부근에 있는 스카이 시티 & 오클랜드 타워(Sky City & Auckland Tower)를 보러 갔다.

1998년 8월 완공된 328m 높이의 **스카이 타워**는 호주의 시드니 타워(305m), 멜버른의 유레카 타워(297m)보다 높아 남반구에서 가장 높은 건축물이다.

스카이 타워

220m 높이에 있는 51층의 스카이 데크 전망대는 이음새가 없는 유리창을 통해 360°의 오클랜드 전망을 감상할 수 있다. 오클랜드 시내가 한눈에 내려다보이고 바닥에는 38mm의 통유리를 깔아 아래가 내려다보여 스릴이 넘친다.

오클랜드 시내

갑자기 사람들의 탄성이 울린다. 유리창 밖을 보니 젊은 여성 한 사람이 아래로 뛰어내린다. 정말 눈 깜짝할 사이에 아래로 내려가 버린다. 이 스카이 점프(Sky Jump)대는 높이 192m로 세계에서 가장 높은 타워 점프대라고 한다.

상층으로 올라가는 엘리베이터를 타고 60층으로 올라갔다. 빌딩 아래층에 스카이 워크(Sky Walk)를 하는 사람들의 모습이 보인다. 안전띠를 매고 안내자의 지시대로 한 걸음씩 조심스럽게 이동하고 있다. 이곳은 192m 높이의 상공에서 1.2m 넓이의 플랫폼에 발을 디딘 채 타워를 빙 둘러 360° 돌아보는 것인데 보는 사람의 마음도 조마조마하다.

스카이 워크하는 사람들

스카이 타워를 관광하고 700m 거리에 있는 빅토리아 파크 마켓 (Victoria Park Market)에 가기 위하여 빅토리아 파크에 도착하였다. 네모진 모양의 공원 안에는 잔디를 심어 놓았고 많은 사람들이 운동을 하고 있다. 공원 둘레에는 아름드리 프라다너스 나무가 우거져 있다.

빅토리아 파크

빅토리아 파크 마켓(Victoria Park Market)은 빅토리아 파크 맞은 편에 보이는 높은 굴뚝 아래에 있다. 높은 굴뚝 주변으로 상가들이 길게 이어지고 의류와 기념품, 식당이 들어서 있다.

빅토리아 파크 마켓

　말의 진입로로 쓰던 마구간 건물과 안쪽 정원 사이에 있는 셀러브리티 워크 오브 페임(Celebrity Walk of Fame)은 에베레스트를 최초로 정복하였으며 뉴질랜드 5불짜리 지폐에 등장하는 에드먼드 힐러리 경과 전 총리 로버트 멀둔 등 뉴질랜드 유명 인사들의 손바닥과 발자국을 찍어 놓은 곳으로 역사적 의미가 있는 곳이다.

DAY 06 | 오클랜드 Auckland, 타카푸나 Takapuna
2019. 3. 16. 토

 관광지별 이동거리

Siesta Motel(5.3km) ➡ 아메리카스 컵 빌리지(0.3km)
➡ 뉴질랜드 국립 해양 박물관(1.7km) ➡ 피시 마켓(2.4km)
➡ 하버 브리지(13.2km) ➡ 마운트 빅토리아(7.2km) ➡ 쇼어 시티 쇼핑센터
(1.5km) ➡ 타카푸나 비치 홀리데이 공원(1.6km) ➡ Parklane Motor Inn

계 33.2km

🔖 여행기

　오늘은 2000년 세계 요트 아메리카 컵 대회 시 뉴질랜드의 선수촌이었던 아메리카스 컵 빌리지를 관광하고, 뉴질랜드 국립 해양 박물관과 피시 마켓을 둘러본 후 하버 브리지를 넘어 노스 쇼어 시티로 이동한다. 마운트 빅토리아를 둘러보고 노스 쇼어의 중심지인 타카푸나(Takapuna)에 있는 쇼어 시티 쇼핑센터와 타카푸나 비치 홀리데이 공원을 관광하는 일정이다.

　오전 9시 시에스타 모텔을 출발하여 아메리카스 컵 빌리지를 관광하였다.

　아메리카스 컵 빌리지(America's Cup Village)는 2000년 세계 요트 아메리카 컵 대회의 개최지이자 우승국이었던 뉴질랜드의 선수촌이다.

　국립 해양 박물관과 연결되어 있는 다리를 건너자 선수촌이 해변에 길게 지어져 있다. 파도 타는 모양의 곡선으로 지어 놓은 지붕이 아름답다.

아메리카스 컵 빌리지

다리를 다시 건너와 뉴질랜드 국립 해양 박물관(New Zealand National Maritime Museum)에 도착하였다. 박물관 앞 광장에는 아메리카 컵에 출전했던 요트 NZ-1이 전시되어 있다.

요트 NZ-1

건물 밖 홉슨 워프에는 개척시대의 선박을 그대로 재현해 놓은 커다란 범선이 정박해 있는데 지금도 관광객이 이용할 수 있다고 한다. 항구에는 아파트보다 훨씬 더 큰 유람선이 정박해 있다.

항구에 정박 중인 유람선

박물관 안에는 커다란 범선을 전시해 놓았는데 좁은 공간에 꽉 들어차 있다. 다양한 크기의 배의 모형과 항해할 때 사용하는 장비가 전시되어 있다.

전시해 놓은 장비

큰 여객선에는 승객들의 침실도 있고 선원들의 생활하는 모습을 꾸며 놓아 실제로 유행되고 있는 여객선처럼 느껴질 정도로 실감이 난다.

여객선 내부

    아메리카스 컵 빌리지 옆에 있는 피시 마켓(Fish Market)에 들어가 보았다. 싱싱한 해산물과 냉동, 훈제, 건조생선까지 다양하게 판매하고 있고 해변을 따라 식당과 카페가 즐비하게 이어져 있다. 식당에서 스시와 생선튀김 등으로 점심식사를 하였다. 아침에 흐리던 날씨가 반짝 개어 뜨겁게 비친다.

피시 마켓

점심식사를 마치고 하버 브리지(Harbour Bridge)를 넘어 노스 쇼어 시티로 이동하였다. 하버 브리지는 길이 1,020m, 높이 43m로 오클랜드 시티와 북쪽의 노스 쇼어 시티를 연결하는 다리다.

하버 브리지

하버 브리지를 넘으면 오클랜드 북부의 노스 쇼어 시티가 시작된다. 노스 쇼어의 중심지인 타카푸나(Takapuna)에는 대형 쇼핑몰과 쇼핑센터, 레스토랑이 있고 한국 교민들이 가장 많이 살고 있다고 한다.

하버 브리지를 넘어 서쪽 방향으로 7km 정도 떨어져 있는 마운트 빅토리아(Mt. Victoria)를 관람하였다. 마오리 말로 "타카룽가(Takarunga)"라고 하는 80m 높이의 언덕으로 데본 포트에 있던 화산이 폭발해 생겼다.

주차장에서 언덕으로 올라가는 길에 사람의 얼굴을 닮은 바위가 눈길을 끈다.

사람의 얼굴을 닮은 바위

정상에는 가운데에 안테나가 설치되어 있고 잔디밭이 넓게 조성되어 있으며 뉴질랜드 지도가 새겨진 원형의 석판이 놓여 있다.

뉴질랜드 지도가 새겨져 있는 석판

언덕 아래 숲속에 있는 평화로운 마을 건너에 랑이토토 섬이 가까이 보인다.

랑이토토 섬

푸른 바다 너머에는 오클랜드 시가지가 보이고 바다에는 요트들이 한 가로이 떠 있어 그림같이 아름답다.

요트가 떠 있는 바다

마운트 빅토리아 정상에서

 아침에 날씨가 좀 흐리더니 오후가 되면서 햇볕이 쨍쨍 내려 쪼이는 맑은 날씨다. 정상에서 내려다보이는 광경이 참으로 아름답다.

마운트 빅토리아에서 내려가 노스 쇼어의 중심지인 타카푸나(Takapuna)의 쇼어 시티 쇼핑센터(Shore City Shopping Centre)를 잠깐 둘러보고, 타카푸나 비치 홀리데이 공원(Takapuna Beach Holiday Park)으로 이동하였다.

　해변에 위치하고 있는 공원으로 캠핑카가 많이 주차되어 있다. 바닷물이 출렁이는 해변에는 한가한 사람들의 무리들이 오고 간다. 모터보트를 타는 사람들, 낚시를 하는 사람들, 해변에 캠핑카를 세워 놓고 한가로이 시간을 보내는 사람들, 낭만을 느끼기에 충분한 바닷가 풍경이다.

타카푸나 비치 홀리데이 공원

DAY 07 | 타카푸나 Takapuna, 왕가레이 Wangarei
2019. 3. 17. 일

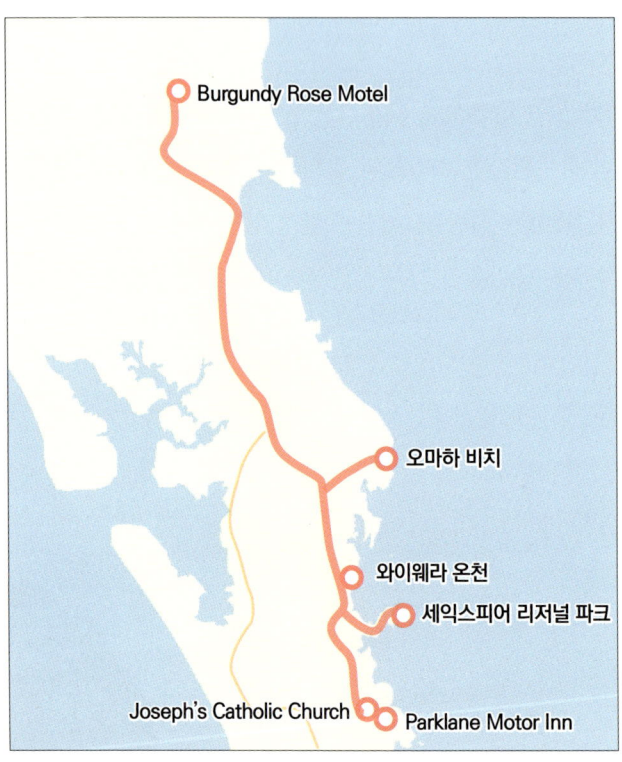

🚗 관광지별 이동거리

Parklane Motor Inn(2.7km) ➡ Joseph's Catholic Church(42.2km)
➡ 세익스피어 리저널 파크(26.0km) ➡ 와이웨라 온천(37.1km)
➡ 오마하 비치(119.0km) ➡ Burgundy Rose Motel

계 227.0km

🗒 여행기

오늘은 오클랜드 북동쪽에 있는 세익스피어 리저널 파크와 와이웨라 비치, 오마하 비치를 관광하고 왕가레이로 이동하는 일정이다.

아침에 일어나니 밝은 태양이 비친다. 태양에 비친 호텔의 모습이 찬란하다.

태양에 비친 호텔

오전 9시 호텔을 출발하였다. 오늘은 일요일이라 부근에 있는 Joseph's Catholic Church에서 주일 미사를 참례하였다. 성당이 주택가 가운데에 위치하고 있어 찾기에 어려움이 있었다. 성당은 뒤에 스테인드글라스가 아름답고 천장은 햇빛이 들어올 수 있도록 건축되어 있어 성당 안이 무척 밝다. 신자들의 수가 많고 어린아이들이 많아 활기가 넘친다.

미사가 끝나고 1층에 있는 만남의 방에서 신자들이 빵과 커피를 나누는 행사를 하여 같이 참여하였다. 한국인 부부를 만나 뉴질랜드 여행에 관한 많은 이야기를 나누었다.

성당에서 1시간 정도 이동하여 세익스피어 리저널 파크에 도착하였다.

세익스피어 리저널 파크(Shakespear Regional Park)는 오클랜드 북동쪽 자동차로 1시간 거리에 있는 걸프만 지역으로 걸프만 지역 전체가 공원으로 지정되어 있다.

넓은 공원에는 나무들이 우거져 숲을 이루고 자연 속에서 살아가는 새들이 사람에게 가까이 다가오는 자연 속의 공원이다.

세익스피어 리저널 파크

끝없는 초원이 펼쳐진다. 갯벌에서는 조개잡이를 하고 모래사장이 펼쳐진 해변에는 해변을 산책하는 사람들이 한가한 시간을 보내고 있다.

숲속에 있는 식탁에서 도시락으로 점심식사를 하였다. 주변에는 식당이 전혀 없는 외딴 곳이다. 모처럼 소풍을 나온 기분에 젖어 보았다.

점심식사를 마치고 26km 정도 떨어져 있는 와이웨라 온천에 도착하였다. 와이웨라 온천(Waiwera Thermal Resort & Spa)은 온천장으로 천연 온천수가 나오고 대규모의 워터 슬라이드와 무비풀이 있는 곳인데 지금은 폐쇄되어 영업을 하지 않는다.

와이웨라 온천

바로 앞에 있는 와이웨라 비치(Waiwera Beach)에 가 보았다. 푸른 물이 넘실대는 바다에서 몇 사람이 해수욕을 즐기고 있다.

마이웨라 비치를 출발하여 1번 도로 SH 1 N과 마타카나 로드(Matakana Rd)를 50여 분을 달려 오마하 비치(Omaha Beach)에 도착하였다.

관광안내소 국기 게양대에 걸려 있는 국기가 바람에 힘차게 휘날린다.

오마하 비치

오마하 비치

해변에는 몰려오는 파도에 몸을 싣고 출렁이는 사람들의 무리와 모터보트를 타려고 준비하고 있는 사람들의 무리가 자연스럽게 어우러진다. 곱고 흰 모래가 아름답다.

오마하 비치를 출발하여 왕가레이(Whangarei)로 향하였다. 차량들이 많이 밀린다. 오클랜드보다 더 차량의 정체가 심한 것 같다. 왕가레이는 낙농업, 임업, 축산업, 조선업 등이 발달한 노스랜드 최대의 상업도시다.

오후 6시 반경 왕가레이에 있는 Burgundy Rose Motel에 도착하였다. 2층으로 된 모텔은 주방도 갖추어져 있고 참으로 조용하여 좋다.

DAY 08 | 왕가레이 Wangarei
2019. 3. 18. 월

🚗 관광지별 이동거리

Burgundy Rose Motel(3.3km) ➡ 카메론 스트리트 몰(0.7km)

➡ 타운 베이슨(0.1km) ➡ 클라팜 국립 시계 박물관(0.2km)

➡ 왕가레이 아트 뮤지엄(1.4km) ➡ 보타니카 왕가레이 식물원(37.2km)

➡ 오션 비치(37.4km) ➡ 파리하카 전망대(6.9km)

➡ Burgundy Rose Motel

계 87.2km

🎟 여행기

오늘은 보행자 전용도로인 카메론 스트리트 몰과 메인 광장 타운 베이슨을 둘러보고 세계 각국의 시계가 전시되어 있는 클라팜 국립 시계 박물관과 왕가레이 아트 뮤지엄, 보타니카 왕가레이 식물원, 오션 비치, 파리하카 전망대를 관광하는 일정이다.

오전 9시 Motel을 출발하여 카메론 스트리트 몰(Cameron Street Mall)에 도착하였다. 날씨는 시원하여 여행하기에 좋은 날씨다.

카메론 스트리트 몰은 왕가레이 최대의 번화가로 자동차가 다니지 않는 보행자 전용도로다.

바닥에는 노란색과 오랜지색 타일을 깔아 놓았고 역사적인 사건을 기록한 쇠판을 바닥에 깔아 놓았다. 상가는 문을 열고 있는 중이고 사람들은 별로 없어 조용하다.

역사적인 사건을 기록한 쇠판

보도를 따라 1km 정도 떨어져 있는 타운 베이슨(Town Basin)에 도착하였다. 타운 베이슨(Town Basin)은 시계탑과 시계 박물관, 놀이터가 있는 메인 광장으로 관광안내소(The Hub Information Centre)도 있다.

타운 베이슨 부근에 있는 클라팜 국립 시계 박물관(Claphams National Clock Museum)을 관광하였다. 박물관의 외관이 독특하고 아름답다. 박물관 앞에는 시계탑과 해시계가 만들어져 있고 꽃 둘레로 시간을 나타내는 글자판을 새겨 놓았으며 시계바늘은 하늘 높이 솟아 있다.

클라팜 국립 시계 박물관

박물관 안에는 연도별로 시계의 역사를 적어 놓았고 여러 가지 시계가 전시되어 있다. 세계 각국의 시계 1,300여 개가 전시되어 있다고 한다.

전시된 시계

　코메트(Komet)라는 이름의 뮤직박스에 동전을 넣으니 시계처럼 판이 돌아가면서 음악이 흘러나온다. 이 시계는 1890년 독일 회사에서 만든 시계로 하우라키 만을 오가던 증기선에 사용하던 시계를 1950년대에 이곳 박물관에 전시하게 되면서 이곳의 명물이 되었다고 한다.

　시간에 맞춰 울리는 종이 박스 안에서 밖으로 나오는 시계도 있고, 다람쥐가 눈금을 따라 올라가는 시계도 있고, 머리를 흔드는 시계도 있고, 눈을 움직이는 시계도 있고 버튼을 누르니 문이 열리면서 나팔을 부는 시계도 있다.

코메트

종이 밖으로 나오는 시계

다람쥐가 눈금을 따라 올라가는 시계

여치가 움직이는 한국산 시계

한국에서 만든 시계도 있는데 음악이 나오면서 시계의 위에서 여치가 움직이는 모습을 보여 준다.

시계박물관 관람을 마치고 앞에 있는 왕가레이 아트 뮤지엄(Whangarei Art Museum)을 관람하였다. 관광안내소와 같은 건물에 있으며 회화, 조각, 설치미술 등 다양한 근현대 작품들을 전시하고 있는데 Violet Watson(1906~1992)과 David Barker(1941~)의 작품이 전시되어 있다.

박물관에서 바다 쪽으로 나가니 빅토리아 캐노피 다리(Victoria Canopy Bridge)가 나온다. 지붕 모양을 특이하게 만들어 놓은 다리로 보행자 전용 다리다. 캐노피 다리를 걸었다. 한가하게 다리를 건너갔다가 되돌아왔다.

빅토리아 캐노피 다리

조그만 항구에는 많은 요트가 정박해 있고 주변에는 식당들이 많이 있는데 손님들이 무척 많다. 박물관 앞에 있는 식당에서 스테이크 요리와 생선 후라이드를 주문하였는데 양도 푸짐하고 요리가 무척 맛있어 점심 식사를 잘 마쳤다.

항구에 정박 중인 요트

보타니카 왕가레이

점심식사를 마치고 약 1km 정도 떨어져 있는 보타니카 왕가레이 (Botanica Whangarei) 식물원을 관람하였다.

온실(Marge Maddren Fernery) 에는 뉴질랜드의 상징이라고 할 수 있는 은고사리를 포함한 다양한 고사리류가 무성하게 자라고 있다.

은고사리

열대 식물원(The Snow Conservatory)에는 많은 꽃들이 화려하게 피어 있고 선인장 온실(The Cactus House)도 잘 꾸며 놓았다.

선인장 온실

식물원 관람을 마치고 37km정도 떨어져 있는 왕가레이 헤드의 맨 끝에 있는 오션 비치(Ocean Beach)로 이동하였다. 도로가 구불구불하고 좁아서 운전하는 데 조심스럽다. 푸른 바다가 시원스럽게 펼쳐지고 고운 모래가 깔려 있는 백사장이 무척 넓은데 사람들은 많지 않아 한가롭다. 파도가 크게 밀려와 파도 타는 사람들이 즐거운 모습이다.

오션 비치

무척 큰 고래 두 마리가 포물선을 그리며 넓은 바다를 휘젓고 다닌다.

고래의 묘기

밀려오는 파도에 모래 속에 묻혀 있던 조개들이 하얗게 드러난다. 사람들이 없어서 그런지 모래 반 조개 반이다. 고운 모래를 밟으며 아름답고 조용한 해변에서 한가한 시간을 보냈다.

지천으로 널려 있는 조개

오션 비치 관광을 마치고 37km를 달려 파리하카 전망대에 도착하였다. 파리하카 전망대(Mt. Parihaka Lookout)는 해발 241m의 파리하카 산에 있는 전망대이다.

파리하카 전망대

정상에는 전쟁기념탑이 높게 세워져 있다.

전쟁기념탑

시내의 모습이 한눈에 내려다보인다. 하테아 강(Hatea River)이 푸르게 도심을 흐르고 있다.

도로가 좁고 구불구불하여 운전에 무척 조심스럽기는 하나 너무나 즐겁고 행복한 여행길이다. 잘 자란 억새가 가을의 정취를 느끼게 한다.

전망대에서 내려다보이는 시내의 모습

잘 자란 억새밭

DAY 09 | 왕가레이 Whangarei, 베이 오브 아일랜드 Bay of Island
2019. 3. 19. 화

 관광지별 이동거리

Burgundy Rose Motel(3.2km) ➡ A.H. 리드 메모리얼 카우리 파크(4.6km)
➡ 왕가레이 폭포(71.1km) ➡ 폼팔리에 미션 앤 프린터리(0.3km)
➡ 러셀 박물관(0.1km) ➡ 크라이스트 교회(1.1km)
➡ 플래그스태프 힐(15.1km) ➡ Aloha Seaview Resort Motel

계 95.5km

📓 여행기

오늘은 왕가레이에 있는 A.H. 리드 메모리얼 카우리 파크와 왕가레이 폭포를 감상하고 베이 오브 아일랜드로 이동한다. 프랑스인 사제 프란시스 폼팔리에가 선교활동을 하던 폼팔리에 미션 앤 프린터리와 러셀 박물관, 크라이스트 교회를 둘러보고 플래그스태프 힐에 올라 주변의 아름다운 경관을 감상하는 일정이다.

오전 9시 Burgundy Rose Motel을 출발하였다. 하늘은 구름이 가득하다.

왕가레이 시내에서 약 3km 떨어진 곳에 있는 A.H. 리드 메모리얼 카우리 파크(A.H. Reed Memorial Kauri Park)에 도착하였다.

A.H. 리드 메모리얼 카우리 파크

울창한 숲으로 아름드리나무들이 빽빽이 들어차 있는데 이 나무들은 모두 수령 500년 이상 된 나무라고 한다. 어마어마한 크기의 카우리 나무가 일품이며 산책로가 잘 만들어져 있다.

거목이 카우리나무

뉴질랜드 일주
NEW ZEALAND

보도를 따라 조금 들어가니 이정표가 있는 삼거리가 나온다.

삼거리 이정표

삼거리에서 오른쪽 방향으로 이어지는 캐노피 워크웨이(Canopy Walkway)를 따라 걸었다. 아름드리 카우리 나무 옆으로 보드워크를 잘 만들어 놓았다. 아침 공기가 상쾌하다.

캐노피 워크웨이

캐노피 워크웨이를 잠시 걷다가 삼거리까지 되돌아가서 왕가레이 폭포 방향의 해태리버 워크(Hatea River Walk)를 따라 올라간다. 왕가레이 폭포까지 35분이 소요된다고 표시되어 있다.

왕가레이 폭포 이정표

산책로는 계곡을 따라서 나무 우거진 숲속으로 이어진다. 아침 이른 시간인데도 많은 사람들이 산책을 하고 있다.

나무 우거진 숲길

계곡을 건너는 다리가 거목이 우거진 나무와 어울려 조화를 이룬다.

계곡을 건너는 다리

계곡 옆으로 이어지는 산책로를 따라 30여 분 올라가니 왕가레이 폭포가 나온다. 높이 26m에서 떨어지는 왕가레이 폭포(Whangarei Falls)가 장관이다.

왕가레이 폭포

폭포 위에는 마을이 있고 주택가 사이로 도로가 이어진다. 폭포 위에 있는 주차장에서 내려가 폭포를 감상할 수도 있는데 숲속 길을 걸어 폭포까지 이동한 것이다.

왕가레이 폭포를 감상하고 베이 오브 아일랜드(Bay of Island)로 이동하였다.

베이 오브 아일랜드는 파이히아(Paihia), 와이탕이(Waitangi), 러셀(Russell), 케리케리(Kerikeri) 네 도시와 인근 150여 개 섬을 묶은 곳으로 여름에는 상주인구보다 관광객이 더 많다고 한다.

1841년 프랑스인 사제 프란시스 폼팔리에가 선교활동을 위하여 사용하고 있던 폼팔리에 미션 앤 프린터리(Pompallier Mission and Printery)에 도착하였다. 2층으로 된 건물인데 정원에는 꽃을 많이 가꾸어 아름답다.

폼팔리에 미션 앤 프린터리

앞에는 푸른 바다가 펼쳐지고 멀리 여객선 한 척 들어와서 정박해 있다. 카페에서 커피 한잔하며 조용한 해변의 정취를 느껴 보았다.

여객선이 정박해 있는 해변

해변을 따라 조금 이동하니 러셀 박물관(Russell Museum)이 나온다. 1769년 이 일대를 항해한 쿡 선장을 기념하기 위해 만든 박물관으로 마오리와 유럽 이주민들의 만남에서부터 조약에 이르기까지 뉴질랜드 초기의 역사를 잘 기록해 두고 있는 곳이다.

정원에는 나무로 깎아서 만든 여러 가지 모양의 조각들이 세워져 있고 박물관 건물의 뒤편에는 커다란 보트가 전시되어 있다.

러셀 박물관

크라이스트 교회

박물관 옆에 크라이스트 교회(Christ Church)가 있다. 뉴질랜드에 현존하는 교회 중 가장 오래된 성당이며 마오리족과 유럽 이주민과의 전투가 치열했던 곳이다. 성당 앞과 뒤에 그 당시 희생된 사람들의 묘가 많이 있고 조그만 성당 안에는 성체불만 조용히 빛을 밝히고 있다.

10여 분 거리에 있는 플래그스태프 힐(Flagstaff Hill)에 올라갔다.

19세기 배의 위치를 알 수 있도록 깃발을 올렸던 곳으로 마오리족의 영웅 **호네 헤케**(Hone Heke)가 엉국의 지배에 대한해 항거한 역사적인 장소다.

플래그스태프 힐

　보트 램프가 있는 웰링턴 스트리트(Wellington St.)를 따라 언덕길을 올라가니 정상이 나온다. 정상에는 깃발을 걸 수 있는 깃대가 높게 솟아 있다.

정상에 있는 또 하나의 언덕에는 해시계가 있다. 모자이크로 만들어진 밑바닥에는 눈금이 그려져 있다.

잔잔한 바다 위에 점점으로 떠 있는 하얀 요트가 고요함을 느끼게 한다.

해시계

시내 선경

DAY 10 | 베이 오브 아일랜드 Bay of Island
2019. 3. 20. 수

🚗 관광지별 이동거리

Aloha Seaview Resort Motel(1.3km) ➡ Bay of Islands i-SITE Visitor Information Centre(5.0km) ➡ 하루루 폭포(6.3km) ➡ Aloha Seaview Resort Motel

계 12.6km

📓 여행기

오늘은 파이히아에서 출발하여 주변의 섬을 일주하는 크루즈 여행을 하고 와이탕이 강의 하류에 있는 하루루 폭포를 둘러보는 일정이다.

관광안내소

오전 8시 반 알로하 시뷰 리조트 모텔을 출발하였다. 오늘은 파이히아(Paihia)에서 출발하는 섬 일주 크루즈로 City Link라는 6시간이 소요되는 크루즈를 타기로 했다.

Bay of Islands Cruise에서 숙소로 보내온 셔틀버스를 타고 항구에 도착하였다.

항구 주변 언덕에는 나무 우거진 숲속에 집들이 아름답게 자리하고 있다.

아름다운 마을의 모습

크루즈선 두 척이 정박해 있다. 관광객들이 서서히 들어와 크루즈선을 채운다.

크루즈 선

오전 9시가 되니 배가 출발한다.

섬 일주 크루즈(Island Cruise)는 파이히아(Paihia)에서 출발하여 주변의 섬을 지나 브레트 곶(Cape Brett) 맞은편에 있는 홀 인 더 록(Hole in The Rocks)이라고 하는 해발 148m 높이의 커다란 구멍이 뚫린 모투코카코 아일랜드(Motukokako Island) 바위를 통과하고 Otehei Bay에서 점심식사를 하고 돌아오는 코스로 6시간이 소요된다.

항구를 떠나자 조그만 섬들이 그림처럼 펼쳐지고 8분 정도 지나 어제 러셀 박물관을 보러 갔던 Russell 지역에 도착하여 승객을 더 태운다.

아름다운 섬

고래

　20분이 지나자 돌고래 떼가 나타난다. 섬 가까이 있는 곳인데 많은 고래들이 자유롭게 배 옆과 배 아래로 지나다니며 놀고 있다. 안내자는 쿡 선장이 이곳에 처음 상륙했던 이야기 등을 열심히 설명한다.

　멀리 언덕위에 등대가 보인다. Cape Brett Track Rakaumangamanga 안내표지판 옆에 언덕으로 올라가는 계단이 있어 트레킹을 할 수 있다.

등대가 있는 언덕

홀 인 더 록

    오전 10시 반경 홀 인 더 록(Hole in The Rocks)에 도착했다. 커다란 바위에 구멍이 크게 뚫어져 있다. 파도가 많이 치고 풍랑이 거세다. 배는 구멍이 뚫린 바위 앞에서 승객들이 바위굴을 감상할 수 있도록 몇 바퀴 선회한다.

    배는 숨을 고르는 듯하더니 조심스럽게 바위굴을 통과한다. 거센 풍랑에 배가 몹시 심하게 요동친다. 무척 겁이 나는데 배는 아무렇지도 않은 듯 바위굴을 통과하고 다시 조용한 바다를 향하여 진행한다.

    오전 11시 반경 Otehei Bay에 도착하여 배에서 모두 내렸다. 이곳은 조그만 섬으로 식당과 카페가 있어 점심식사를 할 수 있었다.

식당

식사는 뷔페식으로 닭고기, 스테이크 등 푸짐하다. 우리 배를 타고 온 사람들만 식사를 하게 되어 오붓하고 조용하다.

맛있는 점심식사

식당 앞 해변에는 일광욕을 할 수 있도록 자리가 마련되어 있어 많은 사람들이 식사 후에 일광욕을 한다.

해변의 일광욕

식당 옆에 있는 언덕에 올라갔다. 푸른 바닷물 속에 하나씩 보이는 조그만 섬들이 그림같이 아름답다.

언덕 위에 넓은 초원이 펼쳐지고 두 개의 봉우리를 오가는 산책로가 있어 많은 사람들이 산책을 하고 있다. 초원에서 한가롭게 풀을 뜯고 있는 양들의 모습이 아름답다.

아름다운 바닷가 풍경

언덕 위에 있는 산책로

크루즈 여행을 마치고 배가 항구에 되돌아오니 아침에 왔던 셔틀버스가 우리를 모텔까지 데려다준다. 한낮의 햇볕이 무척 따갑다.

모텔에서 잠시 휴식을 취하고 하루루 폭포(Haruru Falls)를 보러 갔다. 와이탕이 강의 하류에 있는 폭포로 우기에는 수량이 크게 늘어나 장관이라고 하는데 지금은 수량이 그리 많지 않고 사람들도 별로 없어 한가하다.

하루루 폭포

와이탕이 강을 따라 이어지는 와이탕이 산책로를 걸었다. 강물을 따라 이어지는 산책로가 정말 좋다. 강 건너에는 나무숲 속에 아름다운 집들이 보인다.

강변의 아름다운 마을

와이탕이 강에서 카누를 타는 사람들의 모습이 나무 사이로 아름답게 보인다.

아름다운 자연이 펼쳐지고 자연의 향기를 물씬 느끼게 하는 행복한 오후시간이다.

카누를 타는 사람들

DAY 11 | **베이 오브 아일랜드** Bay of Island, **파 노스** Far North
2019. 3. 21. 목

🚗 관광지별 이동거리

Aloha Seaview Resort Motel(3.5km) ➡ 와이탕이 내셔널 리저브(26.1km) ➡ 스톤 스토어 & 켐프 하우스(192.4km) ➡ 케이프 레잉아 등대(42.0km) ➡ Tekao Lodge

계 264.0km

📓 여행기

　오늘은 와이탕이 조약이 체결되었던 장소인 와이탕이 내셔널 리저브를 방문하고 뉴질랜드에서 가장 오래된 유럽풍 석조건물인 스톤 스토어 & 켐프 하우스를 관람한 후 파 노스로 이동하여 뉴질랜드 최북단에 있는 케이프 레잉아 등대를 관광하는 일정이다.

　오전 9시 모텔을 출발하였다. 밤사이 비가 좀 왔는지 땅이 젖어 있고 이슬비가 조금씩 내린다. 10여 분 거리에 있는 와이탕이 내셔널 리저브에 도착하였다.

와이탕이 내셔널 리저브

와이탕이 내셔널 리저브(Waitangi National Reserve)는 뉴질랜드가 사실상 영국의 식민지가 된 **"와이탕이 조약"**이 체결된 곳이다.

관광안내소를 지나 안으로 들어가니 박물관이 나오는데 박물관 입구에 커다란 바위를 전시해 놓았고 조약에 얽힌 역사를 설명하는 자료들이 전시되어 있다.

기념품점을 지나고 보도를 따라가니 넓게 펼쳐진 잔디밭 한가운데에 세워진 거대한 깃대(flagstaff)에 걸려 있는 국기가 바람에 힘차게 나부끼고 있다. 이 깃대는 1830년대에 제작한 최초의 거대한 깃대라고 한다.

깃대

넓은 잔디밭을 지나니 1833년에 세워진 와이탕이 조약 기념관(Waitangi Treaty House)이 나온다.

와이탕이 조약 기념관

기념관에는 와이탕이 조약과 관련된 자료와 서적이 전시되어 있고 생활공간도 그 당시의 모습대로 보존되어 있다.

와이탕이 조약과 관련된 서적

공연장 내부

　기념관 옆에 있는 공연장은 특이한 문양으로 내부와 외부가 조각되어 있어 무척 아름답다.

　바닷가 쪽으로 내려가니 마오리족의 독특한 양식으로 만들어진 카누 하우스가 나오고 거대한 카누 와카(Waka)가 전시되어 있다. 카누의 길이가 무척 길다.

　기념품 판매점 옆에 공방이 있다. 카누나 공연장과 같은 건물에 붙이는 아름다운 조각을 직접 만드는 곳이다. 두 사람이 작업에 열중하고 있다.

카누 와카

와이탕이 내셔널 리저브 관광을 마치고 이동하여 오전 11시 20분경 스톤 스토어 & 켐프 하우스(Stone Store & Kemp House)에 도착하였다. 1832년 완공된 뉴질랜드에서 가장 오래된 유럽풍 석조 건물로 현재는 상점으로 사용되고 있다.

스톤 스토어

내부에는 아기자기한 고급스러운 소품들이 많다. 바로 옆에는 선교사 켐프 일가의 사택으로 1922년에 지어진 켐프 하우스가 있는데 뉴질랜드에서 현존하는 가장 오래된 목조건축물이라고 한다.

켐프 하우스

스톤 스토어 관광을 마치고 파 노스로 향하였다.

파 노스(Far North)는 뉴질랜드 최북단으로 좁고 긴 지형이 정점을 이루는 케이프 레잉아와 90마일 비치 일대를 말한다.

왕복 2차선으로 아스팔트 포장된 10번 도로 스테이트 하이웨이(State Hwy)를 달린다. 도로는 수없이 구불구불 이어진다. 오가는 차량은 많지 않으나 경사지고 심하게 구부러진 도로가 많아 운전에 신경이 많이 쓰인다.

비는 수시로 뿌리다 그치기를 반복한다. 아름다운 작은 마을과 시원한 바다가 수시로 나타나고 지나간다. 양 떼의 한가로운 풍광이 아름답다.

양 떼의 풍광

오후 7시경 케이프 레잉아 등대(Cape Rainga Lighthouse)에 도착하였다. 이 등대는 뉴질랜드의 최북단 해발 155m 바위 위에 서 있는 등대다.

주차장에서 등대로 내려가는 방향에 문이 커다랗게 만들어져 있다. 박물관이나 기념관에 들어가는 기분이다.

등대로 나가는 문

커다란 문을 나가니 넓은 바다가 시원하게 펼쳐지고 해안가에 바다와 어울린 등대의 모습이 아름답게 보인다. 등대의 불빛은 1000W로 35km 밖에서도 볼 수 있다고 한다.

파도가 크게 일렁이는 바다

등대 아래 태즈만 해와 태평양이 만나는 바다에는 10m 이상의 성난 파도가 크게 일렁이고 있어 두 바다의 분기점이 확연히 표가 난다.

등대 옆에 세워져 있는 이정표에는 여러 도시 간의 거리가 표시되어 있다.

도시 간의 거리를
표시한 이정표

등대에서 내려다보이는 푸른 바다와 어울린 해변의 모습이 너무 아름답다.

실제로 뉴질랜드의 최북단은 케이프 레잉아에서 동쪽으로 30km 정도 떨어진 서빌 클리프(Surville Cliff)이나 길이 험해서 일반인의 통행을 금지하고 있다.

등대 관람을 마치고 42km를 되돌아 나가 테카오 롯지(Tekao Lodge)에 도착하였다. 이곳은 주택이 몇 채뿐인 조그만 마을로 인터넷이 안 되는 외딴곳이라 찾기에 다소 어려움이 있었다.

등대에서 내려다보이는 해변의 모습

DAY 12 | 파 노스 Far North
2019. 3. 22. 금

🚗 관광지별 이동거리

테카오 롯지(6.8km) ➡ 90마일 비치(58.9km) ➡ 카우리 왕국(166.3km)
➡ 와이포우아 카우리 숲(1.0km) ➡ Waipoua Visitors Centre and Campground(45.0km)
➡ Kauri Coast Estate Owners Cottage

계 278.0km

📓 여행기

　오늘은 조용한 해변 90마일 비치를 둘러보고 카우리 왕국을 관광한다. 그리고 왕가레이로 이동하여 뉴질랜드에서 현존하는 나무 중 가장 큰 빅 트리가 있는 와이포우아 카우리 숲을 둘러보는 일정이다.

　오전 8시에 테카오 롯지를 출발하였다. 시골 조그만 마을이라 아주 조용하다. 어제 내리던 비가 그치고 날이 맑게 개어 기분이 상쾌하다. 마을 뒤로 커다란 무지개가 선명히 나타난다.

무지개

90마일 비치를 향하여 달리는데 자동차에 휘발유가 부족할 것 같다. 주유소가 가까운 곳에 없어 30km를 뒤로 돌아가서 휘발유를 넣었다. 시골 외딴곳이라 주유에 신경을 써야 한다.

시골이라 인터넷이 잘 연결되지 않고 내비게이션(Navigation)도 정확한 위치를 찾지 못하여 90마일 비치를 찾는 데 시간을 많이 소모하였다.

오전 11시경 90마일 비치(90Mile Beach)로 들어가는 삼거리에 도착하였다. 도로가에 90마일 비치 이정표가 붙어 있고 90마일 비치까지 10km라고 적혀 있다.

이정표

해변에 가까워지자 포장도로가 끝나고 비포장도로가 이어진다. 도로 좌우로는 숲이 우거지고 비포장도로이지만 자갈이 깔린 도로가 넓게 만들어져 있다.

90마일 비치

해변에는 모래사장이 넓게 펼쳐져 있고 파도가 거세게 밀려온다. 하늘과 바다의 경계조차 가늠할 수 없는 해변에는 파도 소리와 물새 소리만 가득하다. 어린아이 손바닥만 한 피조개가 가득하다고 알고 왔는데 피조개는 보이지 않고 작고 하얀 조개만 지천으로 깔려 있다. 모래사장에는 조개들이 겹겹이 쌓여 있어 밀려들어 오는 바닷물을 맞아 뾰족이 머리를 내민다.

햇반으로 점심식사를 하였다. 주변에 식당이 없어 식사를 준비해야 한다.

점심식사를 마치고 해변을 출발하여 고대 카우리 왕국(Ancient Kauri Kingdom)을 향하였다. 가로수가 잘 가꾸어진 아름다운 도로가 나온다.

가로수 길

90마일 비치에서 59km를 이동하여 고대 카우리 왕국(Ancient Kauri Kingdom)에 도착하였다. 이곳은 땅속에 묻혀 있던 것들을 발굴해 가공하는 곳으로 입구에 커다란 나무를 통째로 사용하여 만든 조각품이 놓여 있다.

통나무로 만든 조각품

　전시장에는 나무로 만든 그릇, 액자, 가구, 액세서리 등 수많은 목 공예품이 전시되어 있다.

전시되어 있는 목 공예품

2층으로 올라가는 계단은 커다란 통나무 속을 파내고 만들었다. 통나무의 속을 파서 사람이 2층으로 올라갈 수 있도록 계단을 만들었으니 그 나무의 크기를 짐작할 수 있다.

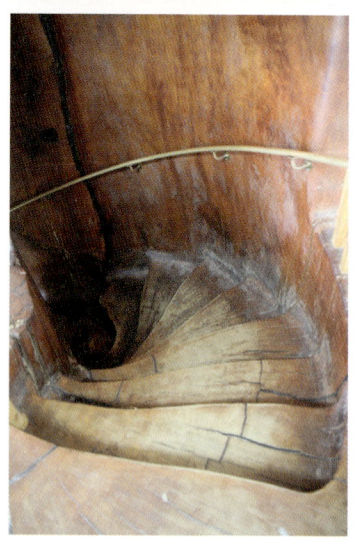

통나무 속을 파서 만든 계단

카우리 왕국 관람을 마치고 와이포우아 카우리 숲(Waipoua Kauri Forest)으로 향하였다. 억새가 제철을 만나 장관이다. 우리나라의 억새보다 훨씬 큰데 한참 피어날 때라 색깔도 다양하여 참으로 아름답다.

만발한 억새밭

오후 5시경 와이포우아 카우리 숲에 가까워지니 자이언트 모래언덕(Giant Sand Dunes)이 보이기 시작한다. 90마일 비치가 끝나는 테 파키(Te Paki) 지역에 있는 7km^{2}에 달하는 거대한 사구다.

자이언트 모래언덕

오후 5시 반경 와이푸아 카우리 포레스트(Waipoua Kauri Forest)의 Big Tree에 도착하였다. 관광객이 밀고 들어갈 수 있는 문이 만들어져 있고 관리하는 사람은 보이지 않는다.

Big Tree는 12번 국도를 따라 펼쳐지는 광대한 와이포우아 카우리 숲에 있는 뉴질랜드에서 현존하는 나무 중 가장 큰 카우리 나무로 "티 마투아 나헤레(Te Matua Ngahere, 숲의 아버지)"라고 한다. 몸통둘레가 16m이며 수령은 2,000년 이상이라고 한다.

Big Tree 입구

문 안으로 들어가니 보도가 잘 만들어져 있어 산속을 산책하는 기분이다.

보도

보도를 따라 조금 들어가니 Big Tree의 거대한 모습이 주변을 압도한다. 숲이 무성하게 우거진 가운데 거대한 나무 한 그루가 우뚝 서 있다. 무척 싱싱하게 잘 자라고 있는 모습이다.

오후 6시가 넘어 Waipoua Visitors Centre and Campground에 도착하니 모두 문이 닫혀 있다. 주변은 아름드리나무들이 숲을 이루고 트레킹 코스가 다양하게 만들어져 있다. 넓은 와이포우아 카우리 숲 주변을 산책하였다.

Big Tree

관광안내소를 출발하여 45km 정도 떨어져 있는 카우리 코스트 이스테이트 오우너스 코테이지(Kauri Coast Estate Owners Cottage)에 도착하였다. 숲속 조그만 마을 안에 있는 숙소인데 조용하고 주변도 잘 가꾸어 놓아 참으로 아름답다. 저녁을 먹고 밖으로 나가니 어둠이 내린 하늘에 별빛이 쏟아질 듯 찬란하게 비친다. 즐거운 하루의 일정을 마감하는 아름다운 밤이다.

와이포우아 카우리 숲 관광안내소

DAY 13 | 다가빌 Dargaville
2019. 3. 23. 토

🚗 관광지별 이동거리

Kauri Coast Estate Owners Cottage(40.4km) ➡ 다가빌 박물관(49.0km)
➡ 마타코헤 더 카우리 박물관(131.6km) ➡ 무리와이 비치(56.0km)
➡ 피하 비치(17.0km) ➡ Heritage Collection Waitakere Estate

계 294.0km

🗒 여행기

    오늘은 초기 정착민들의 생활상을 볼 수 있는 다가빌 박물관과 카우리 나무의 채벌 과정을 볼 수 있는 마타코헤 더 카우리 박물관을 관광하고 무리와이 비치와 피하 비치를 둘러보는 일정이다.

    오전 8시 반경 호텔을 출발하였다. 날씨가 맑고 상쾌하다.

    오전 9시 20분경 다가빌 박물관에 도착하였다. 다가빌 박물관(Dargaville Museum)은 약간 높은 언덕위에 옆으로 길게 지어져 있다. 건물 외벽 전체에 커다란 그림을 그려 놓아 산뜻하게 보인다.

다가빌 박물관

건물 옆에 거대한 배의 닻이 세워져 있는데 이 닻은 환경보호단체 그린피스의 범선 "무지개 전사(Rainbow Warrior)"에 실치했던 것이라고 한다.

박물관 안에는 초기 정착민들의 생활용품과 생활하였던 모습을 재현해서 전시해 놓았고 마오리족이 쓰던 카누와 인형, 악기 등 유물이 많이 전시되어 있다.

무지개 전사의 닻

마오리족의 유물

나무를 벌채하여 재목으로 만드는 과정과 관련된 장비 등도 진열되어 있고 큰 나무를 벌채할 때 사용하였던 거대한 톱도 전시되어 있다.

큰 나무를 벌채할 때 사용했던 톱

호박이 많이 생산되어 크고 작은 호박을 전시해 놓았고 호박으로 만든 작품도 많이 전시되어 있다.

호박으로 만든 개척자 동상

진열되어 있는 호박

호박으로 만든 작품

마타코헤 더 카우리 박물관

박물관 관람을 마치고 49km를 이동하여 마타코헤 더 카우리 박물관(Matakohe The Kauri Museum)에 도착하였다.

박물관 앞에 거대한 나무뿌리를 다듬어 꽃을 심어 놓은 조경이 나무의 크기를 짐작게 한다.

나무뿌리를 다듬어 조경해 놓은 모습

호박을 채굴하는 장면과 호박으로 만든 작품이 진열되어 있다.

호박을 채굴하는 장면

전시된 호박

호박으로 만든 작품

카우리 나무의 채벌 과정과 거대한 카우리 나무가 전시되어 있는데 나무의 크기가 보통 생각하는 것보다 무척 커서 감탄스럽다.

거대한 카우리 나무

점심식사를 하고 무리와이 비치를 향하여 출발하였다. 거리는 131km이나 도로가 많이 구불구불하고 도로 폭이 좁아 시간이 많이 걸린다.

오후 3시경 무리와이 비치(Muriwai Beach)에 도착하였다. 끝없이 펼쳐지는 검은 모래사장 위로 멀리 태즈만 해에서 몰려오는 파도가 장관이다.

무리와이 비치

무리와이 비치

   주말이라 가족과 같이 해수욕을 즐기는 사람들이 무척 많고 파도를 타는 사람들의 생생한 모습도 볼 수 있다.

   해변 바위 언덕에 가닛의 서식지가 있다. 바닷가 기암괴석에 둥지를 튼 많은 가닛 떼가 영화 속 한 장면 같이 아름답다.

가닛 서식지

무리와이 비치를 출발하여 와이타키어 로드(Waitakere Rd)를 따라 56km를 이동하여 피하 비치(Piha Beach)에 도착하였다. 도로의 경사가 심하고 급회전하는 구간이 많아 운전하기가 무척 힘들다.

　해변 가운데 솟아 있는 "라이언 록(Lion Rock)"이라는 바위는 사자가 바다를 향해 포효하는 모습을 하고 있어 유명하다.

라이언 록

　라이언 록의 반대편에 있는 높은 바위 산 사이에는 커다란 구멍이 뚫려 있다. 많은 사람들이 높은 파도에서 서핑을 즐기고 해변에서 일광욕을 즐기고 있다.

구멍이 뚫려 있는 바위

피하 비치 옆에는 카레캐어 비치(KareKare Beach)가 있는데 1993년 칸 영화제 수상작이었던 뉴질랜드 여류감독 제인 캠피온(Jane Campion)의 영화 〈피아노(The Piano)〉 첫 장면의 배경이었던 쓸쓸하고 외로운 바닷가이다.

피하 비치에서 바다를 바라보며 잠깐의 휴식을 취하고 오늘의 숙박지 Heritage Collection Waitakere Estate로 향하였다. 도로 공사 때문에 길을 몇 번 바꾸다 보니 해가 진다.

인터넷이 잘 안되어 오후 9시가 넘어 숙박지에 도착하였다. 숲속에 지어진 호텔이다. 식당에서 저녁식사로 스테이크를 먹었는데 아주 정갈하고 맛이 있다. 늦기는 하였어도 맛있는 저녁식사를 할 수 있어 기분이 좋다.

DAY 14 | 코로만델 반도 Coromandel Peninsular
2019. 3. 24. 일

🚗 관광지별 이동거리

Heritage Collection Waitakere Estate(26.0km) ➡ 성베네딕트 성당 (115.0km) ➡ 광물 학교 & 박물관(0.3km) ➡ 템스 역사 박물관(48.1km) ➡ 굴 양식장(21.7km) ➡ 카우리 그루브(13.1km) ➡ 와이아우 폭포(12.3km) ➡ Coromandel Cottages

계 236.5km

여행기

　어제까지 오클랜드 북쪽 지역의 관광을 마치고 오늘은 오클랜드 남부 지역의 코로만델 반도로 이동한다. 광물학교와 템스 역사박물관을 관광하고 세계에서 가장 큰 카우리 나무가 자라고 있는 카우리 그루브와 숲속에 묻혀 있는 와이아우 폭포를 감상하는 일정이다.

　아침에 일어나니 공기가 싸늘하다. 호텔이 아주 깊은 산속에 있어서 아주 조용하다. 호텔 주변을 산책했다. 호텔 주변은 나무가 우거진 숲으로 싱그러운 기분을 느끼게 한다. 조경도 잘해 놓아 보기에 좋다.

호텔 주변의 숲

정원

오전 8시 반 호텔을 출발하여 오클랜드에 있는 성베네딕트 성당(St Benedicts Church)에서 주일미사를 참례하였다. 신자들은 많지 않아 보인다.

성당에서 미사를 마치고 출발하여 115km 정도 떨어져 있는 코로만델 반도(Coromandel Peninsular)로 향하였다.

코로만델 반도는 하우라키 만(Hauraki Gulf)을 사이에 두고 오클랜드와 마주보고 있다. 반도의 서쪽은 산이 많고 밋밋한 반면 동쪽은 해수욕에 적합한 비치가 곳곳에 있다. 도시의 규모가 작고 주택가도 드물다.

오후 1시 반경 코로만델 반도에 있는 광물 학교 & 박물관(Thames School of Mines & Mineralogical Museum)에 도착하였다. 1885년부터 1954년까지 이 지역 광물에 대한 연구를 하던 곳으로 뉴질랜드 전역과 해외에서 채굴한 희귀 광석을 전시하고 있다.

광물 학교 & 박물관

전시되어 있는 광물

광물 학교 & 박물관 바로 앞에 템스 역사 박물관(Thames Historical Museum)이 있다. 100여 년 전에 지은 교회 건물로 골드러시 시대의 생활상을 짐작할 수 있는 의류, 인쇄기, 사진기, 가구, 소품 등을 전시하고 있다.

템스 역사 박물관

역사박물관 앞에 소형 기차정류장이 있다. 소형 기차를 탑승하고 해변을 둘러보는 것인데 어린이들과 같이 소형 기차를 타 보았다. 기차는 제법 기적도 울리며 바닷물이 빠져 갯벌이 드러난 해변을 한 바퀴 돈다. 잠깐 동안 동심에 젖어 보았다.

소형 기차

굴 요리 식당

　역사박물관을 출발하여 바닷가로 이어진 5번 도로 테임스 코스트 로드(Thames Coast Rd)를 따라 48km를 이동하여 굴 양식장(Coromandel Oyster Company)에서 운영하는 레스토랑에 도착했다. 굴 요리가 무척 맛은 있으나 가격은 제법 나간다.

　레스토랑을 출발하여 30여 분 후에 카우리 그루브(Kauri Groove)에 도착했다.

입구에서 보도를 따라 1km 정도 걸어 들어갔다. 숲속에 거목 7그루가 이웃하고 있는데 세계에서 가장 큰 나무로 어른 네 명이 팔을 벌려도 닿지 않을 만큼 커다란 카우리 거목이다. 너무나 씩씩한 모습으로 잘 자라고 있다.

카우리 거목에서 언덕길을 3km 정도 내려가니 와이아우 폭포(Waiau Falls)가 나온다. 숲이 우거진 계곡에 있는 높이 8m 정도 되는 작은 폭포다. 폭포 아래 물웅덩이에는 젊은 사람들이 무리지어 다이빙을 하고 있다. 계곡물이 무척 차가운데 젊음은 참으로 용감하다.

카우리 거목

폭포에서 2km정도 더 내려가니 캐슬 록(Castle Rock) 입구가 있다. 입구에서 비포장된 도로를 2km정도 올라가니 거대한 바위가 보인다. 나무가 우거진 숲속에 거대한 바위 산봉우리가 우뚝 솟아 있어 장관이다.

캐슬 록을 구경하고 링스 로드(Rings Rd)에 있는 Coromandel Cottages에 도착하여 숙박을 하였다. 몇 가구가 모여 사는 깨끗하고 조용한 마을이다.

폭포에서 다이빙하는 모습

캐슬 록

DAY 15 | 코로만델 반도 Coromandel Peninsular
2019. 3. 25. 월

🚗 관광지별 이동거리

Coromandel Cottages(1.3km) ➡ 크릭 철도 & 포터리스(23.8km) ➡ 콜빌(28.6km) ➡ 포트 잭슨(6.6km) ➡ 플레처 베이(92.7km) ➡ Aotearoa Lodge

계 153.0km

📔 여행기

오늘은 크릭 철도를 타고 계곡을 오르며 숲이 우거진 아름다운 자연경관을 즐기고 전망대에서 시내 전경을 감상한다. 그리고 코로만델 반도의 최북단에 있는 조그만 마을 콜빌과 한가로운 해변 포트 잭슨(Port Jackson), 플레처 베이를 둘러본 후 휘티앙아로 이동하는 일정이다.

오전 8시 Coromandel Cottages를 출발하였다. 드라이빙 크릭 철도 관광 예약 시간 때문에 일찍 출발한 것인데 숙소에서 2km 정도 떨어진 곳에 철도 관광안내소가 있다.

드라이빙 크릭 철도는 도예가 배리 브리켈(Barry Bricknell)이 도자기용 흙을 운반하기 위해서 만든 것으로 레일 폭 381cm, 총 길이 2.5km이다. 철로는 드라이빙 계곡을 끼고 있어 경사가 무척 심하다. 그래서 지그재그로 방향을 바꾸면서 진행하도록 되어 있고 철교와 터널 등 다양한 구조물과 자연경관을 감상할 수 있다.

동산의 도자기

드라이빙 크릭 철도 & 포터리스(Driving Creek Railway & Potteries)에 도착하였다. 조그만 동산에는 여러 가지 모양의 오래된 도자기들이 전시되어 있다.

관광안내소에 여러 가지 도자기들이 진열되어 있고 철로 주변에도 오래된 도자기들을 모아 놓아 도자기 전시품을 보는 재미가 쏠쏠하다.

진열되어 있는 도자기

철로 주변의 도자기

오전 9시 관광객을 실은 열차가 출발한다. 기적소리를 크게 한번 울리고 출발한 기차는 좁은 궤도 위를 천천히 달린다.

소형 기차

철로 주변은 나무가 우거진 밀림지대다. 은고사리 나무가 크게 자라 운치를 더하고 있다. 은고사리는 마치 나무처럼 크게 자라는데 뉴질랜드가 자생지다.

은고사리 나무

경사가 심하여 지그재그로 만들어진 철로를 여러 번 바꿔 타면서 산으로 올라간다. 완전히 밀림 속으로 철로가 이어지는데 경사가 심한 곳은 2층으로 만들어진 철로도 지나간다.

철로를 바꿔 타게 되는 교차점

기차는 다리도 지나고 굴도 통과한다. 철로 옆에는 여러 가지 모양의 도자기가 많이 전시되어 있다.

터널

철로 주변에 전시해 놓은 도자기

시내의 모습

아이풀 타워 종착역(Eyefull Tower Terminus)에 도착했다. 조그만 연못에 금붕어가 놀고 있다. 높은 산에서 연못을 보니 색다른 느낌이 들어 정이 간다. 전망대에 오르니 시내의 전경이 한눈에 들어오고 멀리 푸른 바다가 끝없이 펼쳐진다. 갑자기 이슬비가 내린다.

전망대에서 시원한 아침 공기를 흠뻑 마시고 기차가 올라갔던 길을 다시 되돌아 내려가 출발 지점에 도착하니 한 시간이 소요된다. 정말로 아름답고 아기자기한 기차여행을 즐겼다. 입구에 도착하니 많은 관광객들이 다음 기차를 타려고 대기하고 있다.

기차 관광을 마치고 30여 분 이동하니 콜빌(Colville)이 나온다. 콜빌은 코로만델 반도의 최북단에 있는 조그만 마을로 반도의 끝 포트 잭슨(Port Jackson)과 플레처 베이(Fletcher Bay)로 가는 길목에 있다. 마을에 있는 카페에서 차를 한 잔 마시고 휴식을 하였다.

풍성하게 자란 나무

콜빌을 출발하여 포트 잭슨을 향하여 가다가 해변에 있는 나무 그늘에서 점심식사를 하였다. 푸른 물이 넘실거리는 해변에서 식사를 하는 것도 큰 낭만이다. 주변에 식당이 없어서 음식을 준비해 가지고 가야 한다.

점심식사를 마치고 바닷가로 이어진 산길을 간다. 2차선 비포장도로로 차가 서로 비키기에 어려울 정도로 좁다.

좁은 산길

시원한 바다

산등성이까지 이어진 푸른 목장

바다는 바람이 전혀 없어 잔잔한 푸른 바다가 하늘인지 바다인지 구별이 되지 않는다. 시원한 바다와 산등성이에 넓게 펼쳐진 푸른 목장을 보면서 드라이브를 하니 무척 즐거운 여행길이다.

오후 1시 반경 포트 잭슨(Port Jackson)에 도착하였다. 캠프장이 하나 있고 몇 사람이 일광욕을 즐기고 있는 아주 한가로운 해변이다.

포트 잭슨에 있는 캠핑장

해변으로 이어진 비포장도로를 더 달려 플레처 베이(Fletcher Bay)에 도착하였다. 둥그스름한 해변에 커다란 나무가 나란히 서 있고 조그만 섬까지 점점으로 이어진 바위가 한눈에 들어온다. 해변 뒤로는 민둥산에 푸른 초원이 펼쳐지고 캠핑장에는 사람이 없어 한가한 모습이다.

플레처 베이

여기가 차량이 다닐 수 있는 도로의 끝인 것 같다. 살랑살랑 물결치는 해변을 한번 걸어 보았다. 파도가 조용이 밀려온다. 햇살이 무척 따갑다.

해변에서 산책을 마치고 길을 되돌아 나갔다. 조금 전에 지나갔던 포트 잭슨에서 북쪽 방향으로 언덕을 넘어 내려가니 처음 들어왔던 비포장도로와 만난다. 비포장도로는 도로폭도 좁고 경사가 심해 무척 조심스럽다.

오후 6시경 휘티앙아(Whitianga)에 있는 Aotearoa Lodge에 도착하였다.

휘티앙아는 코로만넬 반도의 동해안 일대에서 가장 번화한 곳으로 머큐리 베이(Mercury Bay)의 중심 도시이다.

DAY 16 | 코로만델 반도 Coromandel Peninsular
2019. 3. 26. 화

 **관광지별 이동거리**

Aotearoa Lodge(3.0km) ➡ 전쟁기념비(36.8km) ➡ 캐시드럴 코브(9.3km) ➡ 핫 워터 비치(98.9km) ➡ 와이히 비치(1.0km) ➡ Beachaven Top 10 Holiday Park

계 149.0km

📖 여행기

  오늘은 제1차 세계대전에서 전사한 이 지역 출신 군인들을 추모하는 전쟁기념비와 해변에 있는 바위 동굴 캐시드럴 코브를 관광하고, 따뜻한 물이 나오는 핫 워터 비치와 와이히 비치를 둘러보는 일정이다.

  오전 9시 반경 Aotearoa Lodge를 출발하여 3km 떨어져 있는 관광안내소에 도착하였다.

  관광안내소 앞에 있는 Mercury Bay Museum은 아직 문을 열지 않았다. 박물관에는 옛날 사람들이 사용하던 가재도구와 그 당시의 생활상을 알 수 있는 자료가 전시되어 있다고 한다.

Mercury Bay Museum

관광안내소 뒤에 있는 전쟁기념비를 관람하였다. 사각의 푸른 잔디밭 중앙에 우뚝 세워져 있는 전쟁기념비(War Memorial Monument)는 제1차 세계대전에서 전사한 이 지역 출신 군인들을 추모하기 위한 것이다. 기념비 한 면에 Korea, Japan이 새겨져 있다.

전쟁기념비를 돌아보고 36km를 이동하여 캐시드럴 코브(Cathedral Cove)에 도착하였다. 전망대에서 주변의 섬과 어울린 푸른 바다가 한 폭의 그림과 같이 아름답게 보인다.

전쟁기념비

캐시드럴 코브는 파도에 침식된 동굴과 기하학적인 모양의 섬들이 이어지는 곳으로 영화 〈나니아 연대기〉의 촬영지이다.

주변의 섬과 어울린 푸른 바다

나무 계단 아래에 있는 보도를 따라 해변으로 내려갔다. 조그만 언덕 위에 제1차 세계대전을 기억하기 위하여 심은 소나무가 단정한 모습으로 서 있다.

제1차 세계대전을 기억하기 위하여 심은 소나무

언덕 아래 해안으로 내려갔다. 바위 동굴이 나온다. 바위 동굴 사이로 조그만 바위섬의 모습이 들어와 액자를 걸어 놓은 것과 같이 아름답다. 어제 저녁 숙박하였던 호텔에서 액자에 걸어 놓은 사진을 보고 아름답다는 생각이 들었는데 이곳에서 똑같은 모습을 보게 되니 더욱 반가운 생각이 든다.

바위 동굴 속으로 보이는 바위섬

캐시드럴 코브를 둘러보고 오후 2시 반경 핫 워터 비치(Hot Water Beach)에 도착하였다. 해변의 모래를 파면 따뜻한 물이 나오는 곳이다. 구덩이를 파고 온천을 할 수 있는 시간은 썰물이 되어 해변에 바닷물이 빠져야 한다.

핫 워터 비치

마침 썰물이 되어 모래사장에 물이 빠지기 시작한다. 사람들이 삽을 들고 모래사장으로 몰려든다. 삽으로 모래사장을 파는 곳에 가 보니 물이 따뜻하다. 발로 모래를 깊게 파고 서 있으면 뜨거워서 오래 서 있기가 어려울 정도다. 정말로 신기한 바닷가 온천이다.

신기한 바닷가 온천 체험을 하고 98km를 달려 와이히 비치(Waihi Beach)에 도착하였다. 조그만 마을 앞에 있는 해변인데 길게 펼쳐진 백사장에는 사람들이 없어 썰렁한 분위기이다.

부근에 있는 Beachaven Top 10 Holiday Park에서 숙박을 하였다. 규모가 큰 호텔로 캠핑카도 있고 다양한 종류의 숙박시설이 되어 있다.

Beachaven Top 10 Holiday Park

DAY 17 | 타우랑가 Tauranga
2019. 3. 27. 수

🚗 관광지별 이동거리

Beachaven Top 10 Holiday Park(57.9km) ➡ 로빈스 파크(0.1km)
➡ 몬마우스 요새(0.6km) ➡ 피시 마켓(7.2km) ➡ 마운트 핫 플스(7.5km)
➡ Hotel Armitage and Conference Centre

계 73.3km

여행기

　오늘은 타우랑가로 이동하여 역사적 유적지가 있는 로빈스 파크와 몬마우스 요새를 관광하고 수산물 공판장 피시 마켓을 둘러본 후 해수 온천장 마운트 핫 플스에서 여행의 피로를 풀어 보는 일정이다.

　오전 9시 호텔을 출발하였다. 하늘에는 구름이 조금 끼어 있으나 서늘한 날씨로 상쾌한 아침이다. 어제 오후에 들렸던 와이히 비치(Waihi Beach)에 가 보았다. 바닷물이 조금씩 빠지고 있어 백사장이 넓게 드러난다.

와이히 비치

해변에서 한 사람이 낚시로 고기를 잡고 있다. 전기모터를 이용하여 낚시 줄을 감고 있는데 바다 먼 곳에 조그만 깃발이 펄럭인다.

깃발이 점점 가까워지더니 낚싯줄에 고기가 한 마리씩 따라 올라온다. 제법 큰 고기들이 줄줄이 딸려 나오는 것을 보니 신기하다.

해변의 낚시

와이히 비치를 출발하여 타우랑가로 향하였다. 타우랑가(Tauranga)는 풍부한 일조량과 온화한 기후를 가진 휴양도시이며 해상 교통의 중심지이다.

오전 11시경 타우랑가에 있는 로빈스 파크(Robbins Park)에 도착하였다. 시내 북쪽 해안가에 있는 작은 공원으로 공원 곳곳에 역사 유적지가 있고 공원 북쪽에는 온실과 장미 정원이 있다.

해안가 언덕 위에 있는 몬마우스 요새(Monmouth Redoubt)에 올라가 보았다.

마오리와 유럽인이 와이카토 지방의 토지소유권을 두고 싸움을 벌이던 1860년대 초 최대의 격전지로 꼽히는 **타우랑가의 게이트 파**(Gate Pa) 전투를 위하여 1864년 1월에 세운 요새라고 한다.

몬마우스 요새

요새 안에는 아름드리나무 몇 그루가 위엄 있게 서 있고 언덕 아래 도로 건너에 있는 바다가 내려다보인다. 조그만 대포 한 문이 놓여 있다.

온실에는 여러 가지 꽃들이 곱게 자라고 있고 장미 정원에는 여러 가지 장미를 심어 놓았는데 꽃은 한 시절을 지난 것 같다. 장미 정원 한편에 거목같이 자란 선인장이 인상적이다.

거목 같이 자란 선인장

온실에 곱게 핀 꽃

요새 언덕을 내려가니 테 아와누이 카누(Te Awanui Canoe)가 보인다. 마오리족의 카누를 복원해 놓은 것으로 무척 큰 카누다.

테 아와누이 카누

카누를 보고 도로를 건너 피시 마켓(Fresh Fish Market)에 도착하였다. 부두에 있는 수산물 공판장으로 바로 배에서 잡아 올린 생선과 홍합, 굴을 판다. 많은 사람들이 줄을 서서 음식을 주문한다. 방금 튀겨 낸 피시 앤 칩스로 맛있는 점심식사를 하였다.

피시 마켓

점심식사를 마치고 오후 2시경 마운트 핫 풀스(Mount Hot Pools)에 도착하였다. 600m 지하에서 끌어올린 해수 온천장으로 피로 회복과 아토피 같은 피부병과 관절염에 특효가 있다고 알려져 있다.

온천장에는 넓은 탕이 있고 수영장과 어린이 놀이공간도 만들어져 있다. 천장이 없는 야외온천장이라 햇살이 무척 따갑다. 따뜻한 온천물에서 피로를 풀 수 있어 즐거운 시간이다.

온천장 뒤에는 해발 232m의 망가누이 산(Mt. Maunganui)이 우뚝 솟아 있는데 정상까지 1시간 정도가 소요된다고 한다. 망가누이 산을 멀리서 올려다보는 것으로 만족하고 시내에 있는 Hotel Armitage and Conference Centre에 도착하여 휴식을 취하였다.

마운트 핫 풀스

DAY 18 | 타우랑가 Tauranga
2019. 3. 28. 목

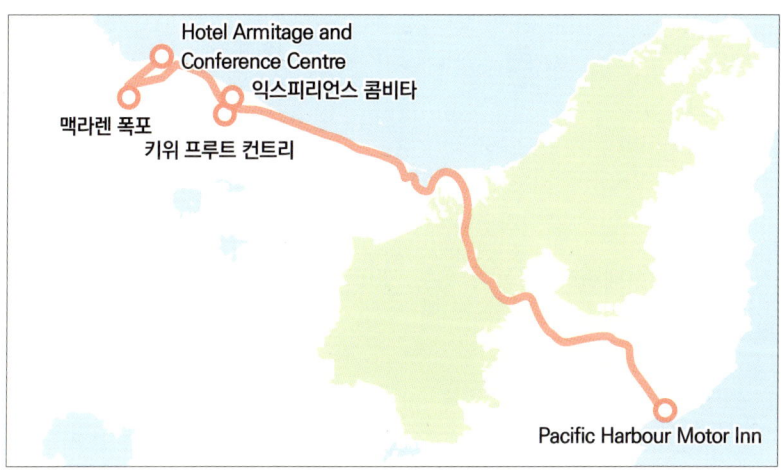

🚗 관광지별 이동거리

Hotel Armitage and Conference Centre(20.6km) ➡ 맥라렌 폭포(49.1km) ➡ 익스피리언스 콤비타(1.5km) ➡ 키위 프루트 컨트리(244.8km) ➡ Pacific Harbour Motor Inn

계 316.0km

📖 여행기

　오늘은 바위틈에서 물보라가 일어나는 맥라렌 폭포를 보고 뉴질랜드에서만 생산되는 마누카 꿀을 체험할 수 있는 익스피리언스 콤비타와 키위 프루트 컨트리를 방문한다. 그리고 245km를 달려 기스본으로 이동하는 일정이다.

　오전 9시 호텔을 출발하였다. 밤새 비가 내렸는데 아침에도 비가 그치지 않고 계속 내린다. 하늘이 온통 잿빛이니 낮에도 비가 계속 내리려나 보다.

　오전 9시 반경 맥라렌 폭포(Mclaren Falls)에 도착하였다. 폭포 계곡에 차도와 보도가 구분되어 있는 다리가 놓여 있다.

계곡을 건너는 다리

계곡을 건너는 다리 위에서 폭포를 바라볼 수 있는데 일반 폭포와는 다르게 바위틈에서 물보라가 일어나는 곳으로 나지막한 경사에서 물살이 일어난다. 수량이 작아 폭포는 별로 크지 않으나 특이한 모습의 폭포다.

맥라렌 폭포

주변에는 나무처럼 크게 자란 은고사리가 풍성하다.

맥라렌 폭포를 구경하고 2번 도로 타우랑가 이스턴 링크(Tauranga Eastern Link)와 29번 도로 스테이트 하이웨이(State Hwy)를 달려 익스피리언스 콤비타(Experience Comvita)에 도착하였다. 비는 계속 내린다.

익스피리언스 콤비타

익스피리언스 콤비타는 뉴질랜드에서만 나는 마누카 꿀을 체험할 수 있는 곳으로 마누카 꿀과 프로폴리스, 로열 젤리 등을 판매하고 있다.

익스피리언스 콤비타를 둘러보고 부근에 있는 키위 프루트 컨트리(Kiwi Fruit Country)를 관광하였다. 키위를 재배하고 키위를 수출하는 제스프리(Zespri) 본사가 있는 곳이다. 건물 안에 있는 기념품점에서는 키위로 만든 와인과 키위 캔디 등 다양한 제품을 판매하고 있다.

키위 프루트 컨트리

포도 넝쿨처럼 뻗어 나간 키위 나무 가지에 키위가 무척 많이 열린다. 넓은 대지 위에 탐스러운 키위가 열려 있는 키위 밭이 이어져 있어 무척 풍요로워 보인다. 오늘은 비가 와서 그런지 관광객이 없어 한산하다.

키위 농장

키위 농장을 둘러보고 245km 떨어져 있는 기스본을 향하여 출발하였다. 와이오에카 강(Waioeka River)을 따라 이어지는 2번 도로 와이오에카 로드(Waioeka Rd)를 달리는데 비는 계속 내린다. 차량은 많지 않으나 도로가 무척 구불구불하여 운전에 신경이 많이 쓰인다. 뉴질랜드에는 자연을 훼손하지 않으려고 지형을 따라서 도로를 만들어 놓아 구불구불한 도로가 무척 많다.

오후 5시경 기스본에 도착하였다. 상가와 식당들은 오후 4시 반에 문을 닫아 거리가 한산하다.

기스본(Gisborne)은 이스트랜드(Eastland) 최대의 도시다. 뉴질랜드를 발견한 영국의 항해사 제임스 쿡이 가장 먼저 발을 디딘 장소라 쿡 선장과 관련된 사적이 많다. 뉴 밀레니엄을 앞두고 새천년을 먼저 맞이하고 싶은 사람들이 날짜 변경선에서 가장 가까운 기스본으로 몰려들어 축제 분위기에 휩싸였던 곳이다.

Pacific Harbour Motor Inn에 숙소를 정하였다. 호텔은 투랑가누이 강(Turanganui River) 옆에 위치하고 있는데 사람들이 없어 한가하다.

저녁식사를 하고 철길을 따라 마을을 한 바퀴 산책하였다. 강변 주변에 있는 Bar 몇 군데에만 사람들이 몰려 있고 거리는 한산하다. 오늘은 하루 종일 비가 내려 이동하는 데 어려움이 많았던 하루였다.

강을 따라 이어진 철길

DAY 19 | 기스본 Gisborne
2019. 3. 29. 금

🚗 관광지별 이동거리

Pacific Harbour Motor Inn(0.5km) ➡ 캡틴 쿡 & 영 닉의 동상(1.2km) ➡ 시계탑(1.1km) ➡ 보타닉 가든(1.5km) ➡ 타이라히티 박물관(1.9km) ➡ 캡틴 쿡 기념공원(2.1km) ➡ 카이티 힐(213.0km) ➡ Cedar Court Motel

계 221.3km

여행기

오늘은 뉴질랜드를 처음 발견한 제임스 쿡과 영의 동상을 보고, 시내 중심가에 있는 시계탑을 둘러본다. 타루헤루 강가에 있는 보타닉 가든을 구경하고 한국 작가들의 작품도 많이 전시되어 있는 타이라히티 박물관을 관람한다. 카이티 힐에 올라 기스본 시내를 조망한 후 네이피어로 이동하는 일정이다.

오전 9시 호텔을 출발하였다. 호텔 정문을 막 나왔는데 아주머니 한 분이 손짓을 한다. 우리 자동차를 가리키며 뭐라고 손짓을 해서 자동차를 정차시키고 내려 보니 뒷바퀴의 타이어가 펑크 났다. 이분은 친절하게도 자동차 수리 센터에 전화를 해 준다. 친절이 몸에 밴 것 같다. 수리 센터에서 정비공이 와서 펑크 난 타이어를 빼 가지고 수리를 하러 갔다. 그동안에 부근에 있는 캡틴 쿡 & 영 닉의 동상(Captain Cook's & Young Nick's Statues)을 보러 갔다.

시내 남쪽의 커스텀 하우스 스트리트(Custom House St.)와 그레이 스트리트(Grey St.) 사이의 녹지대 둥근 돌판 위에 제임스 쿡의 동상이 우뚝 서 있다. 뒤에는 넓은 바다가 펼쳐진다.

영국의 항해사 **제임스 쿡**(James Cook, 1728~1779)은 1769년 10월 9일 뉴질랜드를 발견하였으며 제일 먼저 발을 디딘 장소가 이곳 기스본이다.

제임스 쿡의 동상

서쪽으로 조금 더 가니 니콜라스 영(Nicholas Young)의 동상이 바다를 향하여 손짓을 하고 있는 모습으로 서 있다. 니콜라스 영은 쿡 선장이 지휘한 엔데버(Endeavour)호의 선원으로 항해 도중 뉴질랜드 땅을 가장 먼저 발견한 사람이다.

니콜라스 영의 동상

영의 동상을 보고 1km 정도 떨어져 있는 시계탑(Town Clock)까지 걸어갔다. 이 시계탑은 시내 중심가인 글래드스톤 로드(Gladston Rd.) 한가운데에 세워져 있는 기스본의 랜드마크다. 1891년에 세워졌는데 1931년 지진으로 파손되

시계탑

어 1934년에 새로 세웠다고 한다. 아침이라 차량들도 많고 주변의 상가도 활기찬 모습이다.

다시 Pacific Harbour Motor Inn에 가 보니 펑크 난 타이어의 수리가 다 되었다. 그 아주머니 덕분에 아침 일찍 발견하게 되어 참으로 다행스러웠다.

오전 11시경 보타닉 가든(Botanical Gardens)에 도착하였다. 에버딘 로드(Aberdeen Rd.)와 타루헤루 강(Taruheru River) 사이에 조성된 공원으로 무척 넓어 보인다. 어린이 놀이터도 만들어져 있고 온실에는 선인장이 풍성하게 자라고 있다. 온실을 나서니 갑자기 소나기가 쏟아진다.

풍성하게 자란 선인장

    타루헤루 강을 건너 타이라히티 박물관(Tairawhiti Museum)을 관람하였다. 이스트랜드 전역의 지질, 환경, 문화와 관련한 다양한 자료와 사람, 자연, 동물들의 그림이 다양하게 전시되어 있다. 기스본에서 활약하는 예술가들과 전 세계 유명 작가들의 작품을 전시하는 미술관을 겸하고 있는 곳이다.

타이라히티 박물관

인물화와 자연에 관한 그림 등이 다양하게 전시되어 있고 한 방실에는 한국작가의 작품들이 전시되어 있다. 송혜미의 한복, 김규태와 김판기, 문병식의 도자기 등이 전시되어 있다.

송혜미의 한복

김규태, 김판기의 도자기

본관으로 쓰누 박물관 뒤편에 있는 해양 박물관에는 1912년 기스본 앞바다에서 침몰한 대형 선박 "스타 오브 캐나다(Star of canada)"의 일부를 인양해 박물관으로 조성해 놓았다. 침몰한 선박에 있던 항해 장비가 전시되어 있다.

타이라히티 박물관 관람을 마치고 캡틴 쿡 기념공원(Cook's Landing Site National Historic Reserve)을 둘러보았다. 제임스 쿡이 최초로 뉴질랜드 땅에 발을 디딘 곳으로 캡틴 쿡의 동상은 강 건너편에 세워 놓고 이곳에는 기념탑을 세워 둔 것인데 지금은 기념탑 앞에 건물 신축공사를 하고 있다.

캡틴 쿡 기념탑

2km 정도 떨어져 있는 카이티 힐에 올라갔다. 카이티 힐(Kaiti Hill)은 캡틴 쿡 기념탑 맞은편에 산책로가 있어 자동차로 전망대까지 올라간다. 정상에서는 푸른 바다가 끝없이 펼쳐지는데 하늘인지 구별이 안 되게 하늘과 맞닿아 있다. 기스본 시내의 모습이 한눈에 내려다보인다.

시원하게 펼쳐진 바다

기스본 시내의 모습

점심식사를 하고 213km정도 떨어져 있는 네이피어(Napier)로 향하였다. 정상까지 초지가 조성되어 있는 조그만 산에서 양과 소들이 한가로이 풀을 뜯고 있다. 그러나 수시로 비가 내리고 길도 오르막과 내리막이 이어진 구불구불한 도로가 많아 운전에 신경이 많이 쓰인다.

오후 4시 반경 네이피어(Napier)에 도착하였다.

네이피어는 도시 전체가 바다를 끼고 형성된 아름다운 해안 도시로 온난한 기후와 긴 일조량으로 "남반구의 캘리포니아"라고 부른다. 1931년 대지진으로 도시의 지형을 바꿔 놓았으나 그 당시 서구에서 유행하던 아르데코풍의 낭만 가득한 건축물로 완벽하게 복구되었다.

시내를 한 바퀴 돌아보니 깨끗하고 활기찬 모습이 느껴진다.

DAY 20 | 네이피어 Napier, 헤이스팅스 Hastings
2019. 3. 30. 토

 관광지별 이동거리

Cedar Court Motel(4.6km) ➡ 사운드 셸 & 콜로네이드(1.2km)
➡ 호크스 베이 박물관(1.4km) ➡ 뉴질랜드 국립 수족관(0.4km)
➡ 스피리트 오브 네이피어(21.4km) ➡ 케이프 키드내퍼스(18.9km)
➡ 헤이스팅스 인포메이션 센터(2.1km) ➡ Frimley Lodge Motel

계 50.0km

📔 여행기

 오늘은 그리스 신전 모습의 사운드 셸 & 콜로네이드와 미술관을 겸하고 있는 호크스 베이 박물관, 뉴질랜드 국립 수족관을 관광한다. 헤이스팅스로 이동하여 세계에서 가장 큰 가닛 서식지 케이프 키드내퍼스를 관광하는 일정이다.

 오전 9시 Cedar Court Motel을 출발하였다. 하늘은 흐리고 이슬비도 조금씩 내린다.

 10여 분을 이동하여 사운드 셸 & 콜로네이드(Sound Shell & Colonnade)에 도착하였다. 그리스의 신전처럼 세워져 있는 기둥 안에 둥근 모양의 공연장이 있고 그 옆으로 넓은 바다가 시원하게 펼쳐진다.

 콜로네이드는 그리스의 신전처럼 기둥 여러 개가 세워져 있는 공간이고 사운드 셸은 이 공간의 가운데에 있는 조개 모양의 공연장이다. 네이파이를 소개하는 관광자료에 나오는 사진 가운데 가장 으뜸으로 손꼽히는 대표적인 장면은 이곳에서 촬영한 것이라고 한다.

 사운드 셸의 옆에 있는 분수대에서는 분수가 시원하게 뿜어져 나오고 있다.

사운드 셸 & 콜로네이드

분수대

분수대 옆에 파니아 동상(Statue of Pania of Reef)이 있다. 코펜하겐의 인어공주 동상처럼 앉아 있는 마오리 전설의 여주인공이다.

바다에 살던 **파니아**가 육지에 사는 카리토키라는 남자와 사랑에 빠져 결혼했는데 파니아가 살던 바다 사람들이 파니아를 바다로 불러 바다 속 동굴에 가두어 버렸다는 **슬픈 전설**이다.

파니아 동상

사운드 셸 & 콜로네이드의 도로 건너편에 있는 조그만 공원에는 종려나무 가지 조형물이 세워져 있다.

종려나무가지 조형물 앞에 호크스 베이 박물관(Hawke's Bay Museum)이 있다.

종려나무가지 조형물

호크스 베이 박물관

호크스 베이 박물관은 박물관과 미술관을 겸하고 있는데 건물 앞쪽의 미술관에는 마오리 전통 장신구, 뉴질랜드 출신 미술가들의 회화작품, 근대 공업 디자인 작품 등이 전시되어 있고 뒤쪽에 있는 박물관에는 호크스 베이의 이주와 개척, 근대화 과정이 주제별로 전시되어 있다.

1931년 2월 3일 일어난 대지진과 그 후 도시 재건사업의 모습을 담은 비디오 자료가 흥미롭다. 박물관 안에서는 사진 촬영이 금지되어 있어 좋은 영상을 만들지 못해 아쉽다.

박물관을 관람하고 1.4km 정도 떨어져 있는 뉴질랜드 국립 수족관(National Aquarium of New Zealand)을 관람하였다. 건물 앞에는 커다란 호수처럼 분수가 조성되어 있고 그물로 고기잡이 하는 커다란 조형물이 서 있다.

그물로 고기잡이 하는 조형물

터널식 수족관에서는 형형색색의 물고기와 상어, 가오리, 바다거북을 볼 수 있고 펭귄 등이 펼치는 쇼가 오전 오후 3회 펼쳐진다.

바다거북

수족관에서 바다가로 400m 정도 걸어가니 스피리트 오브 네이피어(Spirit of Napier) 동상이 서 있다. 해변의 녹지대에 하늘을 향해 금방이라도 날아갈 듯한 동상이 네이피어의 정신이라고 한다.

스피리트 오브 네이피어 동상

스피리트 오브 네이피어(Spirit of Napier) 동상을 보고 21km를 이동하여 헤이스팅스의 케이프 키드내퍼스에 도착하였다.

헤이스팅스(Hastings)는 1870년대에 프란시스 힉스(Francis Hicks)가 개척한 항구도시로 뉴질랜드에서 가장 비옥한 평야지대이며 이 일대에서 생산하는 채소와 과일을 냉동하거나 통조림으로 만들어 전 세계로 수출한다.

케이프 키드내퍼스(Cape Kidnappers)는 갈매기와 비슷하게 생긴 가닛 서식지(Gannet Colonies)로는 세계에서 가장 큰 곳이다. 가닛의 서식지는 포장도로가 끝나는 클리프턴(Clifton)에서 모래사장을 따라 8km를 더 늘어가 곶의 끝에 있는데 일반차량의 통행을 금지하기 때문에 투어 차량을 이용해야 한다.

가닛의 서식지가 보이는 해변

포장도로가 끝나는 조그만 마을까지 걸었다. 여름이 지나 관광객이 없어 한산하고 낚시하는 몇 사람만 보일뿐이다. 가닛 서식지는 멀리 보이는데 바닷물이 들어와 갈 수가 없다.

해안가를 산책하고 나서 헤이스팅스의 중심가 러셀 스트리트에 있는 헤이스팅스 관광안내소(The Hastings Visitor Centre)로 이동하였다. 길가에는 만개한 억새가 장관을 이루고 있다. 억새가 무척 풍성해 보인다.

억새

관광안내소는 시내 중심부에 있는 커다란 상가 1층에 자리 잡고 있다.

헤이스팅스 관광안내소

관광안내소 바로 앞에 커다란 시계탑(Clock Tower)이 있다. 1935년 젊은 건축가 시드니 채플린(Sydney Chaplin)이 완공하였다고 한다. 매 시간마다 시계 종소리가 우렁차게 울린다고 한다.

+시계탑

시계탑 주변에 있는 조그만 공원에는 여러 가지 조형물을 세워 놓아 이채롭다.

시계탑을 구경하고 2km 정도 떨어져 있는 Frimley Lodge Motel 에 도착하였다. 오늘은 모처럼 일찍 숙소에 와서 휴식을 하게 되어 다행스럽다.

공원에 세워져 있는 조형물

DAY 21 | 타우포 Taupo
2019. 3. 31. 일

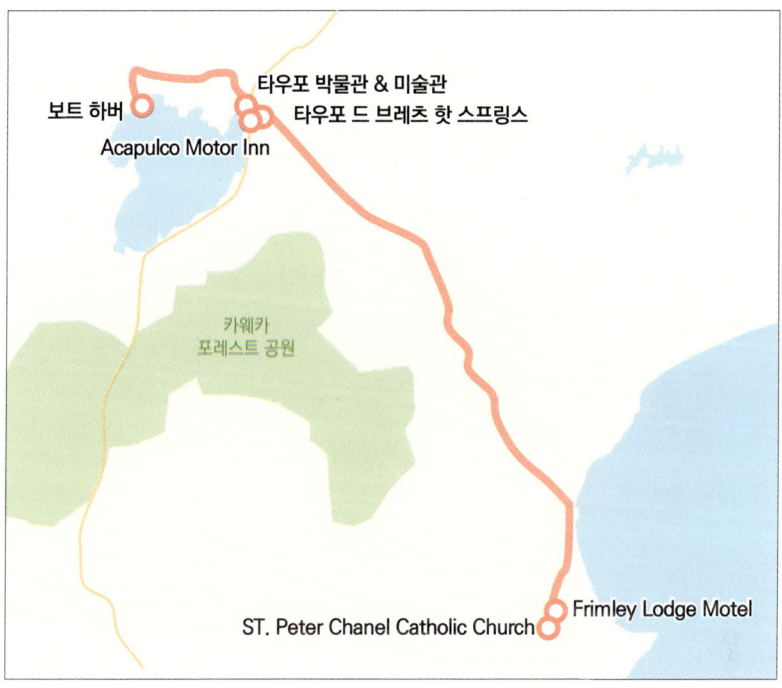

🚗 관광지별 이동거리

Frimley Lodge Motel(1.9km) ➡ ST. Peter Chanel Catholic Church(154.1km) ➡ 타우포 드 브레츠 핫 스프링스(4.0km) ➡ 타우포 박물관 & 미술관(40.0km) ➡ 보트 하버(41.0km) ➡ Acapulco Motor Inn

계 241.0km

여행기

오늘은 타우포로 이동하여 타우포 드 브레츠 핫 스프링스에서 온천욕을 하고 타우포 박물관 & 미술관을 관람한 후 타우포 크루즈를 타고 타우포 호수를 유람하며 마오리 얼굴이 조각되어 있는 마오리 록 카빙을 관광하는 일정이다.

오전 9시 모텔을 출발하였다. 2km 정도 떨어진 ST. Peter Chanel Catholic Church에서 주일미사를 참례하였다. 크지 않은 성당인데 신자들이 많다.

미사를 마치고 타우포를 향하여 출발하였다. 하늘에 구름 한 점 없이 청명한 날씨다.

타우포(Taupo)는 타우포 호수를 끼고 발달한 도시로 호수 너머로 눈 덮인 루아페후 산(Mount Ruapehu)이 솟아 있고 통가리로 국립공원(Tongariro National Park)의 장엄한 산들이 병풍처럼 도시를 두르고 있다. 지열지대로 유명하며 세계 유일의 지열발전소와 간헐천이 있는 곳이다.

오후 2시경 타우포의 드 브레츠 핫 스프링스(Taupo De Bretts Hot Springs)에 도착하였다. 조그마한 폭포에서 물이 흘러내리고 있다.

안내소를 지나 골목길을 통하여 온천장 안으로 들어간다. 야외온천탕 2개와 작은 탕이 하나 있고 워터 슬라이드에서는 어린이들이 즐겁게 놀고 있다. 야외온천탕 두 개는 온도 차이가 있어 두 개의 탕을 오가며 피로를 풀 수 있다. 온천수가 따뜻하여 그동안 바쁘게 진행하였던 여행의 피로가 풀리는 것 같다.

조그만 폭포

온천탕

온천욕을 마치고 타우포 시내의 번화가인 통가리로 스트리트에 있는 타우포 박물관 & 미술관(Taupo Regional Museum & Art Gallery)에 도착하였다.

타우포 박물관 & 미술관

타우포 일대의 역사와 문화, 예술을 보여 주는 소중한 자료들의 사진과 목각 조각 등을 전시하고 있는 곳이다. 박물관 앞에 커다란 조형물이 세워져 있다.

박물관 앞에 세워져 있는 조형물

박물관에는 원주민들의 집회장소를 재현해 놓은 건축물이 웅장한 모습으로 나타난다.

원주민들의 집회장소

거대한 나무를 잘라 전시해 놓았는데 그 크기가 무척 크다.

전시되어 있는 나무

유람선

　박물관 관람을 마치고 출발하여 오후 4시 20분경 관광안내소의 서쪽 끝에 있는 보트 하버(Boat Harbour)에 도착하였다. 타우포 호수를 둘러보는 타우포 크루즈를 타는 곳이다. 항구에는 많은 유람선들이 정박하고 있다.

　타우포 호수(Taupo Lake)는 면적 616㎢, 길이 46km, 둘레 길이 193km, 수심 최고 186m의 거대한 크기로 서울시 면적보다 넓다. 뉴질랜드에서 가장 크고 오세아니아 전체에서 파푸아뉴기니의 머레이 호수 다음으로 큰 호수다.

언덕 위 주택

　오후 5시 타우포 크루즈(Taupo Cruise)를 타고 항구를 출발하였다. 여름 관광철이 지나서인지 관광객은 10여명에 불과하다. 배가 부두를 떠나 호수로 나가니 바다같이 넓은 호수가 시원스럽게 펼쳐진다. 언덕 위에 별장처럼 아름답게 지어진 집들이 나무숲 속에 하나둘 보인다.

유람선이 출발하여 40여 분이 지나니 타우포 호수 가운데에 있는 마인 베이에 도착한다. 호수 위 언덕에 있는 커다란 바위에 우뚝 솟아난 것처럼 강인하게 조각된 미오리 얼굴(마오리 록 카빙)과 다양한 동물들의 조각이 보인다.

마오리 록 카빙(Maori Rock Carving)은 1976년부터 1980년까지 4년 동안 4명의 조각가가 완성한 것으로 마오리 정신을 상징하고 있다.

마오리 얼굴

동물들의 조각

검게 변한 하늘

갑자기 하늘이 어두워진다. 금방 비라도 쏟아질 듯 하늘은 온통 검은 구름으로 덮여 있다. 청명하던 날씨가 급변한 것이다. 그러나 다행히 비는 오지 않아 호수의 유람은 잘 마쳤다.

크루즈는 1시간 30분이 소요되는데 와인, 맥주 등 음료수와 소시지, 빵 등을 제공해 준다. 시원한 호수바람을 맞으며 한낮의 즐거운 시간을 보냈다.

DAY 22 | 타우포 Taupo
2019. 4. 1. 월

 관광지별 이동거리

Acapulco Motor Inn(2.1km) ➡ 타우포 번지 전망대(0.7km)
➡ 타우포 이벤트 센터, AC 배스(7.4km) ➡ 후카 폭포(1.7km)
➡ 후카 허니 하이브(1.9km) ➡ 와이라케이 테라스(1.4km)
➡ 와이라케이 지열발전소(10.1km) ➡ Acapulco Motor Inn

계 25.3km

여행기

　오늘은 높이 45m의 타우포 번지 전망대와 후카 폭포를 관람한다. 뉴질랜드를 대표하는 벌꿀 센터인 후카 허니 하이브를 관광하고 지열탕이 있는 와이라케이 테라스에서 온천욕을 한 후 와이라케이 지역발전소를 둘러보는 일정이다.

　아침에 일어나니 이슬비가 내린다. 오전 9시 호텔을 출발하였다. 호텔에서 타우포 번지(Taupo Bungy) 점프대까지 10여 분 거리다. 번지점프 하는 것을 보려고 하는데 비가 오니 번지점프를 하는 사람이 있을까 걱정스럽다.

　타우포 번지점프대에 도착했다. 높은 절벽 위에 번지점프대가 세워져 있는데 높이가 45m라고 한다.

　이 번지점프대는 영화 〈번지점프를 하다〉에서 마지막 장면을 촬영한 곳이다. 영화 〈번지점프를 하다〉에서 주인공 현빈과 인우는 번지점프 앞에서 사랑을 맹세하며 세상이 허락하지 않는 사랑을 위하여 두 사람은 손을 꼭 잡은 채 인생의 절벽 아래로 뛰어내린 것이다.

몇 번을 죽고 다시 태어난대도
결국 진정한 사랑은
단 한 번뿐이라고 합니다.
대부분의 사람은 한 사람만을
사랑할 수 있는 심장을
지녔기 때문이라죠.
인생의 절벽 아래로
뛰어내린대도, 그 아래는
끝이 아닐 거라고,
당신이 말했었습니다.
다시 만나 사랑하겠습니다….
사랑하기 때문에
사랑하는 것이 아니라
사랑할 수밖에 없기 때문에
당신을 사랑합니다….

영화 〈번지점프를 하다〉 중에서

타우포 번지점프대

번지점프대가 걸려 있는 절벽 아래 계곡에는 짙푸른 물이 도도히 흐르고 주변의 숲과 어울려 한 폭의 그림이다.

절벽 아래로 내려가는 산책길이 구불구불 언덕아래 주차장까지 이어진다. 주차장 앞에 있는 조그만 섬과 연결되어 있는 나무다리에는 문이 굳게 닫혀 있다. 체리 아일랜드(Cherry Island)라는 이 섬은 사유지라 들어가지 못하는데 다리 앞에서 번지점프대가 까마득하게 높아 보인다.

체리 아일랜드
들어가는 다리

번지점프대 아래 계곡

절벽 안쪽으로 조금 올라가니 타우포 번지(Taupo Bungy) 전망대가 나온다. 마침 한 사람이 번지점프를 하는 모습이 보인다. 여성인데 큰 소리 한번 지르면서 몸이 공중에서 떨어지더니 다시 높이 솟구쳐 오른다. 굉장한 광경이다. 이어서 두 사람이 더 뛰어내린다. 날씨가 좋지 못하여 번지점프하는 모습을 보지 못할까 걱정했는데 전망대에 도착한 시간에 번지점프를 하는 사람들이 뛰어내려서 자세한 모습을 보는 행운을 얻었다.

　번지점프대 관광을 마치고 부근에 있는 타우포 이벤트 센터, AC 배스(Taupo Event Centre, AC Baths)에 도착하였다.

번지점프

이곳은 온천장이 있는 대규모 레저 센터로 수영장과 피트니스 센터, 실내 암벽장이 있다. 건물 입구에는 은고사리의 새순이 나올 때의 모양을 나무로 깎아 세워 놓았다. 건물 안에는 농구와 배구를 할 수 있는 시설과 암벽장이 눈에 보인다. 지하에는 수영장이 있고 피트니스 센터에서는 주부를 위한 건강 강좌가 진행되고 있다.

은고사리 새순 모양의 조각품

오전 11시 40분경 후카 폭포(Huka Falls)에 도착하였다. 10m도 안 되는 높이에서 뿜어내는 물의 양이 초당 230t이 넘는다고 하는데 속도가 빨라 하얀 포말을 이룬다. 폭포 위를 지나는 다리에서 바라보는 물줄기가 장관이다.

폭포를 따라 숲속으로 이어진 산책로를 따라 들어가니 전망대가 있다. 엄청나게 쏟아지는 희고 푸른 폭포의 물빛이 무척 감탄스럽다.

후카 폭포

후카 허니 하이브

　후카 폭포를 둘러보고 1.7km 떨어져 있는 후카 허니 하이브(Huka Honey Hive)에 들렀다. 이곳은 뉴질랜드를 대표하는 벌꿀 센터로 뉴질랜드에서 생산한 다양한 벌꿀을 한자리에 모아 둔 최대의 벌꿀 전시장이다. 매장 안에는 다양한 형태의 꿀 제품들이 가지런히 진열되어 있다.

후카 허니 하이브

　후카 허니 하이브를 구경하고 와이라케이 지열발전소 입구에 있는 와이라케이 테라스(Wairakei Terraces)에 도착하였다. 야외 온천장인데 규모도 크고 온천수가 솟아나는 원수천부터 단계별로 계단식 풀이 조성되어 있고 풀마다 온도가 다르다. 관절염에 좋은 나트륨과, 고혈압과 혈당 관리에 좋은 칼륨, 마그네슘 성분이 다량 함유되어 있다고 한다. 이슬비가 조금씩 내리고 있으나 따뜻한 온천수에 몸을 담그고 있으니 푸근한 기분이 든다.

 온천을 마치고 뒤편에 있는 와이라케이 지열발전소(Wairakei Geothermal Power Station) 전망대에 올라갔다. 전망대는 지열발전소에 설치되어 있는 온수관 사이로 나 있는 도로를 따라 올라가는 나지막한 언덕의 정상에 있다. 전망대에서는 지열발전소가 한눈에 내려다보인다. 산골짜기에 거대한 파이프가 그림처럼 펼쳐져 있다.

 이곳에서 뉴질랜드 연간 전력 소비의 약 5%에 해당하는 15만 kw의 전력을 생산한다고 한다. 이슬비가 오다 그치기를 반복한다. 4월에 접어들면 수시로 비가 내리는 날씨가 된다고 한다.

와이라케이 지열발전소

DAY 23 | 타우포 Taupo, 로토루아 Rotorua
2019. 4. 2. 화

 **관광지별 이동거리**

Acapulco Motor Inn(13.4km) ➡ 아라티아티아 수력발전소(31.1km)
➡ 오라케이 코라코(38.9km) ➡ 와이오타푸 서멀 원더랜드(27.6km)
➡ Pohutu Lodge Motel

계 111.0km

📖 여행기

　오늘은 와이카토 강의 급류를 막아서 만든 아라티아티아 수력발전소를 둘러보고 화산활동으로 생긴 간헐천과 동굴이 숨겨진 오라케이 코라코를 탐험한다. 그리고 로토루아로 이동하여 화려한 컬러의 간헐천 와이오타푸 서멀 원더랜드를 관광하는 일정이다.

　아침에 일어나니 날씨가 화창하여 기분이 상쾌하다. 오전 9시 호텔을 출발하여 13km 떨어진 아라티아티아 수력발전소(Aratiatia Rapids)에 도착하였다.

　이 발전소는 뉴질랜드에서 **가장 긴 와이카토 강**(Waikato River, 길이 425km)의 급류를 막아 건설한 댐이다. 하루 세 차례 10:00, 12:00, 14:00, 그리고 여름에는 16:00에도 물을 방류하는데 수문을 열 때마다 엄청나게 쏟아지는 물이 장관을 이룬다.

아라티아티아 수력발전소

산책로를 따라 오르막길을 5분쯤 올라가면 첫 번째 전망대가 나오고 다시 5분쯤 더 올라가면 두 번째 전망대가 나온다. 전망대에 오르는 산책로 주변으로는 나무가 우거지고 향긋한 풀냄새가 너무나 상쾌한 아침을 느끼게 해 준다.

전망대 올라가는 산책로

오전 10시 수문이 열리고 굉장한 물줄기가 쏟아져 내린다. 거대한 바위 사이로 흘러내리는 물이 하얀 포말을 이룬다. 이 멋진 광경을 보기 위하여 많은 관광객이 모여들었다. 물을 방류하는 것은 15분 동안 진행된다.

물을 방류하는 아라티아티아 수력발전소

아라티아티아 수력발전소 관광을 마치고 1번 도로 스테리트 하이웨이(State Hwy)를 따라 31km 정도 이동하여 오라케이 코라코(Ofrakei Korako)에 도착하였다. 화산활동으로 생긴 간헐천과 동굴이 있는 숨겨진 계곡이다.

오라케이 코라코

오하쿠리 호숫가에서 김이 모락모락 솟아올라 손을 넣어 물을 만져 보니 따뜻하다. 강 건너에는 무척 많은 김이 솟아오르고 있다.

지열지대

관광안내소에서 보트를 타고 5분정도 가면 오하쿠리 호수(Lake Ohakuri)를 건너 지열지대에 도착한다. 올라가는 산책로 주변에 지열지대의 다양한 모습이 펼쳐진다.

지열지대

지열지대

루아타푸 동굴

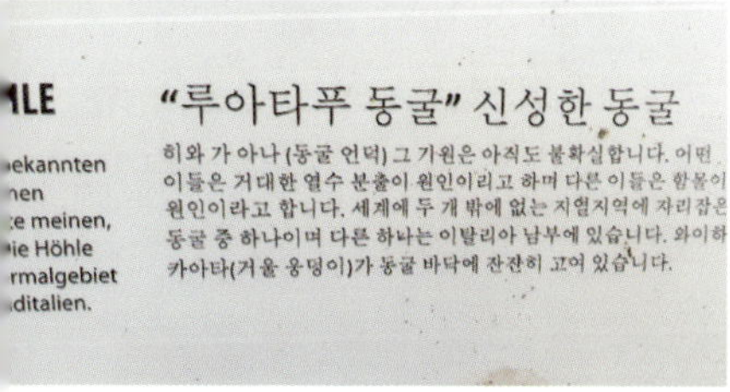

동굴에 대한 한국어 설명문

다양한 모습의 지열지대를 관찰하며 산책길을 따라 조그만 산 위로 올라가니 루아타푸 동굴(Ruatapu Cave)로 가는 길 표시가 있다. 동굴은 계단을 만들어 놓아 자세히 볼 수 있다. 동굴에 대한 한국어 설명문이 있는데 여기 외에도 몇 군데 한국어 설명문이 게시되어 있어 지열지대를 이해하는 데 도움이 된다.

조그만 산봉우리를 넘어 내리막길을
내려가니 땅이 끓어오르는 지역이 나온
다. 팥죽처럼 고운 진흙이 보글보글 끓
어오르고 있다.

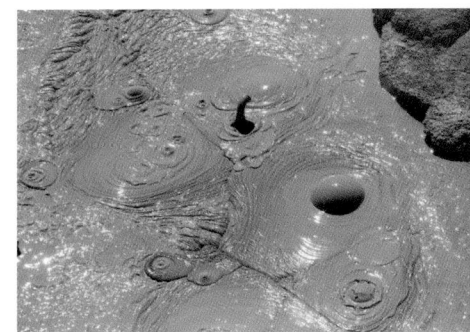

계단으로 이어진 산책로를 따라 숲길
을 걸어 다시 보트를 타고 호수를 건너
관광을 마치게 된다. 다양한 지열지대를
보는 것도 감탄스럽고 숲길로 이어진 산
책로도 너무나 좋다.

다시 38km를 이동하여 로토루아의
와이오타푸 서멀 원더랜드에 도착하였다.

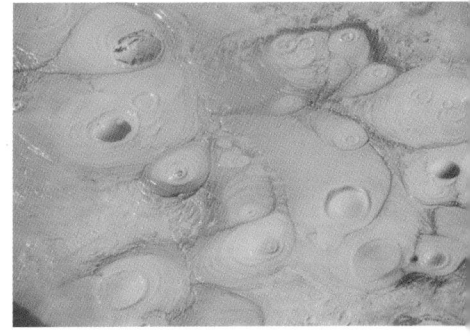

땅이 끓어오르는 모습

로토루아(Rotorua)는 뉴질랜드 최고의 관광도시로 아름다운 호수와
울창한 숲, 부글부글 살아 있는 온천과 마오리의 노랫소리, 양털 깎기 쇼
와 다양한 액티비티가 조화를 이루고 있는 곳으로 "비바람이 치던 바다…"
로 시작되는 "연가"의 고향이다. 한국전쟁 때 파병되었던 뉴질랜드 병사가
이 노래를 우리나라에 퍼뜨려 "연가"가 되었는데 원제목은 "Pokarekare
Ana"이다.

와이오타푸 서멀 원더랜드(Wai-O-Tapu Thermal Wonderland)
는 로도루아 일대의 여러 지열지대 중에서 가장 화려한 컬러의 간헐천으로

대부분의 간헐천은 거무스름한 빛깔로 부글대는데 이곳은 오렌지, 노랑, 연두, 초록 등 아름다운 빛을 나타낸다.

와이오타푸 서멀 원더랜드

관광안내소를 지나 안으로 들어가니 유황냄새가 물씬 풍긴다. 잔잔한 나무 사이로 산책로가 만들어져 있다. 산책로를 따라 들어가니 볼거리에 번호를 붙여 체계적으로 안내하고 있다. "예술가의 팔레트(Artist's Palette)", "오이스터 풀(Oyster Pool)", "악마의 목욕탕(Devil's Bath)", "샴페인 풀(Champagne Pool)" 등 23개의 볼거리가 있는데 모두 보려면 2시간 정도가 소요된다.

예술가의 팔레트

오이스터 풀

악마의 목욕탕

　와이오타푸 서멀 원더랜드 관광을 마치고 로토루이 시내에 있는 한국 식당에서 모처럼 해물탕으로 저녁식사를 하였다. 식당 바로 앞에 한국식 품점도 있고 이곳에는 한국인들이 많이 살고 있는 것 같다.

DAY 24 | 로토루아 Rotorua
2019. 4. 3. 수

🚗 관광지별 이동거리

Pohutu Lodge Motel(21.8km) ➡ 와이망구 계곡(21.3km)
➡ 테 푸이아(0.5km) ➡ Pohutu Lodge Motel

계 43.6km

여행기

　오늘은 화산이 폭발하여 분화구가 생긴 와이망구 계곡을 둘러보고 로토루아에서 가장 크고 유명한 지열지대인 테 푸이아를 관광하는 일정이다.

　아침에 일어나니 기온이 싸늘하다. 하늘에는 구름이 가득하여 비가 올까 걱정된다. 오전 7시 40분 포후투 로지 모텔을 출발하여 5번 도로 써멀 익스플로러 하이웨이(Thermal Explorer Hwy)를 달린다. 잘 다듬어 놓은 푸른 초원 언덕 위에서 풀을 뜯고 있는 소 한 마리가 먼 이국의 풍광을 느끼게 한다.

풀을 뜯고 있는 소

오전 8시 20분 와이망구 계곡(Waimangu Volcanic Valley) 매표소에 도착하였다. 직원들을 실은 셔틀버스가 도착한다.

1886년 6월 10일 와이망구 계곡 일대에 화산이 폭발하여 7개의 조그만 마을이 파괴되었고 120여 명이 사망하였다. 화산 폭발로 지형이 변화하였고 여러 개의 분화구 구멍이 생겼다.

매표소에서 내려다보이는 와이망구 계곡에는 울창하게 우거진 숲속에서 김이 무럭무럭 솟아오르고 있다.

와이망구 계곡

매표소 안으로 들어가니 숲속으로 산책로가 이어져 있어 상쾌한 아침 공기를 느낄 수 있다.

안내소에서 한국어 안내서를 준다. 관광 포인트 번호를 따라 이동하며 관광을 한다. 연못 위로 항상 수증기가 피어올라 달궈진 프라이팬처럼 보이는 "플라잉 팬 레이크(Frying Pan Lake)"의 모습이 신비스럽다. 팬 레이크는 수심이 6m이고 수온이 55℃라고 한다.

아름다운 호수와 짙은 초록빛 "에메랄드 풀", 점토와 진흙으로 파묻힌 "매몰 지층"이 나오고 물이 뿜어져 나오는 곳도 있다.

플라잉 팬 레이크

물이 뿜어져 나오는 모습

희생된 사람들을 기리는 십자가

산모퉁이에 십자가가 세워져 있다. 화산 폭발 당시 희생된 사람들을 기리는 십자가라고 한다.

셔틀버스 시간표가 게시되어 있다. 계곡을 관광하다가 관광안내소로 돌아갈 때 이용할 수 있는 셔틀버스 시간표로 관광객이 무료로 이용할 수 있다.

셔틀버스 시간표

2시간 정도 소요되는 트레킹 코스 끝에 로토마하나(Rotomahana) 호수가 나타난다. 유람선이 대기하고 있다.

로토마하나 호수

　유람선을 타고 호수를 출발하여 20여 분 지나고 나니 용암수를 분출하는 간헐천이 보인다. 이 간헐천은 5분마다 한 번씩 용암수를 분출한다고 하는데 아주 힘이 넘쳐난다.

간헐천

유람선은 45분 정도 소요되어 호수를 한 바퀴 도는데 화산 폭발로 무너져 버린 지형도 지나가고 아름답게 호수와 어울린 산의 모습도 감상할 수 있다. 정말 아름다운 자연의 모습을 즐기는 시간이다. 호수 관광을 마치고 계곡을 순환하는 셔틀버스를 타고 매표소로 돌아간다.

호수와 아름답게 어울린 산

점심식사를 하고 5번 도로 스테이트 하이웨이(State Hwy)를 따라 21km를 이동하여 테 푸이아[와카레와레와](Te Puia[Whakarewarewa])에 도착하였다.

테 푸이아는 로토루아에서 가장 크고 유명한 지열지대로 마오리 문화를 가장 가까이에서 볼 수 있는 곳이다.

12개의 높다란 기둥으로 만들어진 마오리 전통 목조문이 보인다. 기둥 아래에 나무로 만든 다양한 모양의 조각과 꼭대기에 얼굴 모양의 조각이 붙어 있다.

마오리 전통 목조문

전통 문 아래에는 커다란 바위가 놓여 있다. 관광객들이 문으로 들어가면서 바위를 한 번씩 만지고 들어간다.

전통 문 밑에 있는 바위

전통 문으로 들어가 공방이 있는 건물을 구경하였다. 입구에는 조각상들이 길게 나열해 있다.

길게 늘어선 조각상

공방

 공방에는 마오리 전통 문양의 조각이 많이 진열되어 있고 사람들이 마오리 전통 문양의 조각을 만드는 작업을 하고 있다.

 공방을 나와 옛 모습 그대로 재현해 놓은 마오리 마을까지 이어진 산책로를 따라 들어간다.

마오리 마을로 들어가는 산책로

산책로를 따라 다양한 모양의 용암이 보인다. 쿠킹 풀(Cooking Pools), 머드 풀(Mud Pools) 등 모양도 다양하다.

머드 풀

마오리 마을을 지나고 나니 간헐천 포후투(Pohutu)가 나온다. 포후투는 마오리말로 "솟아오르는 물"이라는 뜻인데 물이 분출될 때는 20~30m나 높이 솟아올라 장관을 연출한다.

지열지대를 관광하고 입구에 있는 마오리 하카 공연장으로 이동하였다. 마오리 민속 공연이 펼쳐지는 곳이다. 공연장 건물 앞에 넓게 펼쳐진 잔디밭에서 마오리 전통 복장을 한 여성 사회자가 나와 공연을 시작한다.

간헐천 포후투

마오리 전통 복장을
한 사회자

남자 무사들의 공연모습

남자 무사들의 박진감 넘치는 동작이 공연의 열기를 더해 간다.

공연장 밖에서 공연을 마치고 공연장 안으로 들어가 공연을 이어 간다. 남녀 공연자들의 박진감 넘치는 율동이 무척 경쾌하고 흥이 난다. 공연 중에 연가의 고상납세 연기를 합창한다.

마오리 전통 공연

오늘은 하루 종일 지열지대 관광을 하느라고 많이 걸었다. 피곤하기는 하여도 지열지대로 유명한 로토루아의 진면목을 제대로 느낄 수 있었던 하루였다.

DAY 25 | 로토루아 Rotorua
2019. 4. 4. 목

 **관광지별 이동거리**

Pohutu Lodge Motel(4.5km) ➡ 레드우드 트리워크(12.4km)
➡ 테 와이로아 매몰촌(15.7km) ➡ 거번먼트 가든(0.5km)
➡ 폴리네시안 스파(3.7km) ➡ Pohutu Lodge Motel

계 36.8km

📖 여행기

 오늘은 레드우드 삼림욕장에서 삼나무 숲을 산책하고 화산재 속에 묻힌 과거의 모습을 재현해 놓은 테 와이로아 매몰촌을 둘러본다. 오색 꽃이 만발한 거번먼트 가든을 보고 뉴질랜드에서 가장 유명한 폴리네시안 스파를 체험하는 일정이다.

 오전 9시 포후투 로지 모텔을 출발하여 10여 분 거리에 있는 레드우드 삼림욕장(Redwood Grove)에 도착하였다. 아름드리나무가 하늘을 가려 대낮에도 어두컴컴하다. 세 사람이 걷고 있는 모습의 청동상이 세워져 있다.

청동상

 레드우드 삼림욕장 관광안내소가 있는 작은 광장에는 다양한 모양의 화장실을 만들어 놓았고 현수교로 올라가는 계단이 있다.

현수교로 올라가는 계단

통나무로 지어진 관광안내소에는 30분에서 8시간까지의 다양한 산책 코스가 개발되어 있다. 레드우드 트리워크(Redwoods Treewalk)를 걸었다.

레드우드 트리워크는 22개의 삼나무를 이어서 만든 21개의 현수교 위를 걷는 숲 체험 코스로 12m 높이로 만들어진 현수교의 길이는 총 553m이다.

현수교

현수교는 아름드리나무와 나무 사이에 흔들다리로 만들어져 있어 스릴이 있다. 곳곳에 다양한 모양의 등을 매달아 놓아 울창한 나무숲과 어울려 아름답다.

하늘을 향해 쭉쭉 뻗은 잘 자란 나무 사이로 이어진 현수교를 걸으니 삼나무의 숲 기운이 온몸에 넘쳐흐르는 것 같다.

현수교

숲 체험을 마치고 13km 정도 떨어져 있는 테 와이로아 매몰촌(Te Wairoa Burreed Village)으로 이동하였다.

테 와이로아 매몰촌

테 와이로아 매몰촌은 1886년 6월 10일 화산 폭발로 테 와이로아가 화산재 속에 파묻혔던 곳에 과거의 모습을 재현한 건물들과 당시의 참상을 보여 주는 사진자료 등을 전시해 놓은 곳이다.

매표소에서 준 한국어로 된 관광안내서를 보며 산책로를 따라 걸었다. 화산재 속에 파묻혀 있던 유물들이 전시되어 있다.

화산재속에 파묻혀 있던 유물

화산 폭발 당시의 집과 호텔도 복구해 놓았다. 한 시간 정도 소요되는 산책로를 걸으며 화산 폭발 당시의 참혹했던 상황을 느껴본다.

복구해 놓은 가옥

연어가 살고 있다는 맑은 개울을 따라가다가 계단으로 된 언덕을 내려가니 와이레레 폭포(Wairere Falls)가 나타난다. 지난날의 참상을 알지 못하는 듯 굉음을 내며 쏟아져 내리는 폭포의 모습이 장관이다.

폭포를 구경하고 보도를 따라 전망대로 이동하였다. 전망대에서는 울창한 숲 속 멀리 타라웨라 호수(Lake Tarawera)의 푸른 물이 아름답게 보인다.

와이레레 폭포

숲속에 묻힌 타라웨라 호수

점심식사를 하고 거번먼트 가든(Government Garden)을 관람하였다. 식민시대에 관청으로 사용되었던 곳을 공원으로 만든 것으로 튜더 타워를 중심으로 끝없이 펼쳐진 잔디밭과 오색 꽃이 만발한 영국식 정원이다.

푸른 잔디밭과 어울린 붉은 색 지붕의 로토루아 박물관(Rotorua Museum)이 참으로 아름답다. 박물관은 1906년에 지어진 튜더(Tuder) 양식의 건물로 거번먼트 가든을 대표하는 곳이다. 박물관에는 로토루아의 역사와 마오리 문화를 전시하고 있으며 당시의 목욕 문화를 보여 주는 모형과 실제 도구 등이 보존되어 있는 곳이나 지금은 문을 열지 않는다.

로도루아 박물관

박물관 옆에는 와이투케이 청동상이 세워져 있다. 2001년 밀레니엄을 기념하여 로토루아의 예술가가 2년에 걸쳐 만든 상징적 조형물로 남자와 여자상이 나란히 서 있다.

와이투케이 청동상

박물관 앞에 블루 배스(The Blue Baths)가 있다. 식민시대 귀족적인 생활의 단면을 보여주는 대중목욕탕인데 문을 열지 않고 있다. 건물 바로 옆에 있는 지열탕에는 둥근 웅덩이에서 부글부글 끓는 용암의 숨소리가 들리는 듯하다.

블루 배스

블루 배스 뒤에 있는 조그만 정원에 여러 가지의 작품들이 전시되어 있다. Bodhe Vincent 작가의 욕심(Greed)이라는 작품이 눈길을 끈다.

욕심(Greed)

공원을 산책하다 보니 보어전쟁(Boer War, 1899~1902)의 영웅 Fred W. Wylie의 동상이 서 있고 광장에는 전몰자 기념비(The Arawa Solders' Memorial)가 우뚝 세워져 있다.

Fred W. Wylie의 동상

전몰자 기념비

거버먼트 가든의 관람을 마치고 부근에 있는 폴리네시안 스파 (Polynesian Spa)에서 온천욕을 하였다.

폴리네시안 스파는 뉴질랜드에서 가장 유명한 온천 가운데 하나이며 로토루아를 세계적인 온천 휴양도시로 만든 주인공으로 류머티즘과 근육통, 피부병 등에 효과가 있다고 한다.

폴리네시안 스파는 로토루아 호수가 바라다 보이는 곳에 위치하고 있다. 야외온천탕이 5개 만들어져 있는데 한가로운 마음으로 온천욕을 하고 나니 하루의 피로가 풀리는 듯하다.

폴리네시안 스파

DAY 26 | 로토루아 Rotorua
2019. 4. 5. 금

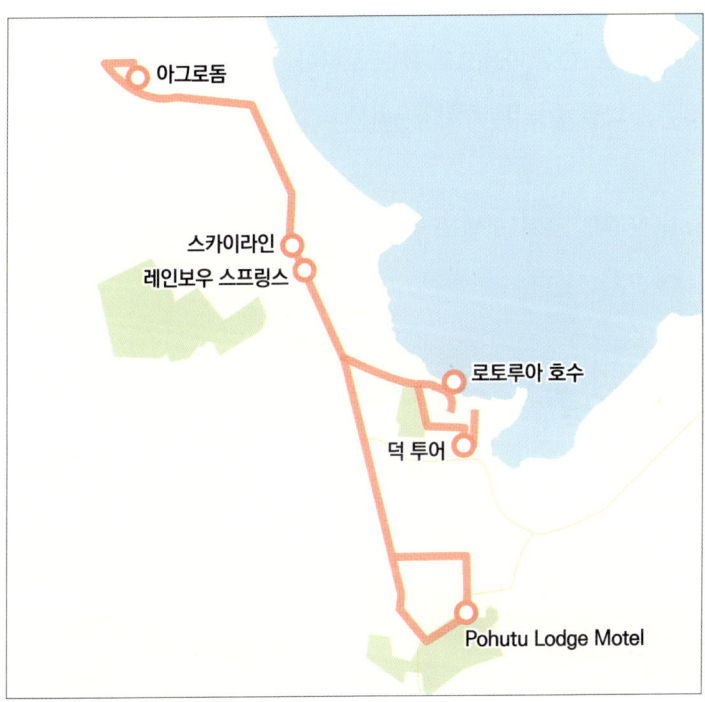

🚗 관광지별 이동거리

Pohutu Lodge Motel(7.7km) ➡ 레인보우 스프링스(0.1km) ➡ 스카이라인(4.0km) ➡ 로토루아 호수(1.6km) ➡ 덕 투어(10.3km) ➡ 아그로돔(12.8km) ➡ Pohutu Lodge Motel

계 36.5km

📔 여행기

　오늘은 키위새 등 각종 새를 볼 수 있는 레인보우 스프링스를 관람하고, 농고타 산 정상에 있는 스카이라인 전망대에 올라 시내를 조망한다. 북 섬에서 타우포 호수 다음으로 큰 로토루아 호수를 감상한 후 물과 육지를 자유롭게 다닐 수 있는 수륙양용차를 타고 호수를 유람하는 일정이다.

　오전 9시 포후투 로지 모텔을 출발하여 레인보우 스프링스(Rainbow Springs)에 도착하였다.

　입구로 들어가자 맑은 물이 흐르는 물에서 송어들이 떼 지어 노닐고 있다.

레인보우 스프링스

입구에서 준 한국어 안내서를 보면서 산책로를 따라 이동한다. 은고사리 우거진 속으로 산책로가 잘 만들어져 있다.

산책로

열대어관도 있고 여러 가지 새들을 종류별로 구별해 놓았다. 한가롭게 노닐고 있는 백조를 보다 보니 시원스럽게 쏟아지는 폭포를 만난다.

폭포

키위관 앞에는 커다란 키위 조형물이 서 있다. 키위관에는 키위새의 박제가 전시되어 있고 키위새의 살아가는 모습을 자세하게 설명해 놓았다. 키위가 살고 있는 공간에는 어둠 컴컴한 속에서 키위새가 잠깐씩 모습을 나타낸다.

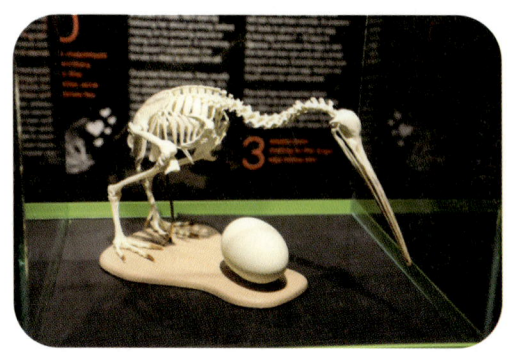

키위새와 키위 알

레인보우 스프링스 관람을 마치고 옆에 있는 스카이라인(skyline)으로 이동하였다.

스카이라인

곤돌라를 타고 로토루아 호수 서쪽에 있는 농고타 산(Mount Ngongotaha) 정상에 있는 전망대로 올라갔다. 정상에는 레스토랑, 카페가 넓게 만들어져 있고 전망대에서 시내의 모습이 한눈에 내려다보인다.

로토루아 시내의 모습

전망대에서 바라다보이는 울창한 숲과 로토루아 호수, 호수에 떠 있는 작은 섬 모코이아(Mokoia) 아일랜드까지 그림처럼 아름답다.

호수에 떠 있는 모코이아 섬

정상에서 산 아래로 전망을 즐기며 내려가는 루지(Luge)와 산악자전거 코스가 있어 많은 젊은 사람들이 이들을 즐기고 있다.

루지를 즐기는 사람들

곤돌라를 타고 산에서 내려가 로토루아 호수(Lake Rotorua)로 이동하였다.

로토루아 호수는 화산이 폭발하는 과정에서 생긴 커다란 웅덩이에 물이 고여 만들어졌는데 뉴질랜드 북 섬에서 타우포 호수 다음으로 큰 호수다.

호수 앞에 있는 국기 게양대에는 태극기와 뉴질랜드 기가 바람에 힘차게 나부끼고 있다. 끝이 보이지 않을 정도로 넓은 호수에 수상 비행기 두 대가 떠 있다. 헬기 투어를 위하여 대기하고 있는 비행기다.

바람에 휘날리는 태극기

로토루아 호수 가운데 모코이아(Mokoia)라는 섬이 있다. 이곳은 뉴질랜드판 "로미오와 줄리엣"인 하이네모아(Hinemoa)와 투타네카이(Tutanekai)의 전설적인 사랑으로 유명한 곳이다.

모코이아 섬에 살던 마오리 청년 투타네카이와 추장의 딸 하이네모아의 사랑을 노래한 것이 "연가"이다.

연가의 원 제목은 "포카레카레 아나(Pokarekare ana)"라는 마오리족의 민요로 연인을 향한 애절함이 간절히 표현되어 있다.

로토루아의 호수엔 폭풍이 불고 있지만
그대가 걸어가면 그 바다는 잔잔해질 거예요.
그대여 내게로 다시 돌아오세요.
너무나 그대를 사랑하고 있어요.

점심식사를 하고 덕 투어를 하러 갔다. 덕 투어(Rotorua Duck Tours)는 관광안내소에서 두 불럭 정도 떨어진 "1241 Fenton St Rotorua 3010"에서 출발한다.

덕 투어는 물과 육지를 자유자재로 다닐 수 있는 수륙양용차를 타고 로토루아 시내 주요 볼거리를 한 바퀴 돌고 호수에서는 바퀴 부분이 수중용으로 변신하여 호수 위를 배처럼 떠다니는 차로 1시간 30분이 소요된다.

수륙양용차

　수륙양용차는 거번먼트 가든으로 들어가 로토루아 박물관과 로토루아 호수 주변을 한 바퀴 돈다. 블루 레이크(The Blue Lake)와 오카레카 호수(Lake Okareka)에서는 거침없이 호수로 들어가 배처럼 물에 떠서 호수를 유람한다. 수륙양용차를 타고 호수 위를 떠다니며 주변 산과 마을을 감상한다. 호수 주변 숲속에 지어진 주택들이 아름답게 보인다.

오카레카 호수 주변의 집

수륙양용차 관광을 마치고 아그로돔 (Agrodome)을 관광하였다.

아그로돔은 양몰이 쇼, 양털 깎기 쇼, 소 젖 짜기 시범이 펼쳐지며 드넓은 목장과 키위 농장을 둘러보며 소와 양에게 직접 먹이를 주는 체험을 하는 곳이다.

입구에 양털을 깎는 모습의 동상이 세워져 있고 주변에는 푸른 초원이 펼쳐져 양, 말 등이 한가로이 풀을 뜯고 있다.

양털 깎기 모습의 동상

개가 양몰이 시범을 보이고 많은 사람들이 울타리 주변에 둘러서서 양몰이 시범을 관람하고 있다.

오늘은 로토루아 시내의 관광지를 둘러보는 것으로 하루를 보냈다.

양몰이 시범

DAY 27 | 마타마타 Matamata
2019. 4. 6. 토

 **관광지별 이동거리**

Pohutu Lodge Motel(54.9km) ➡ 티라우(21.1km) ➡ 호비톤 마을(17.9km)
➡ 퍼스 타워 역사 박물관(3.7km) ➡ 오팔 핫 스프링스

계 97.6km

 **여행기**

오늘은 로토루아를 출발하여 커다란 개 모양의 건물이 있는 조그만 마

을 티라우를 지나고 영화 〈반지의 제왕〉의 배경이 되었던 호비튼마을을 관광한다. 조망을 위하여 4층으로 지었다는 퍼스 타워 역사박물관을 관람하고 오팔 핫 스프링스에 도착하여 온천욕을 즐기는 일정이다.

오전 8시경 포후투 로지 모텔을 출발하여 티라우(Tirau)로 향하였다.

티라우는 마타마타(Matamata) 남쪽 타우포로 향하는 1번 도로변에 있는 조그만 마을이다.

티라우 마을에 도착하니 순한 양 모양의 건물과 빨간 혀를 내밀고 있는 커다란 개 모양의 건물이 눈길을 끈다.

양과 개 모양의 건물

개 모양의 건물 옆에는 화려한 의상의 양치기 동상이 있고 기념품 가게(Merino Story)도 있다. 아기자기하고 동화 속 세상처럼 만들어진 간판들이 흥미롭다.

양치기 동상

티라우 마을을 둘러보고 27번 도로 스테이트 하이웨이(State Hwy)를 달려 오전 10시경 호비톤 마을(Hobbiton Movie Set) 안내소에 도착하였다. 안내소에는 한국어 안내서도 준비되어 있다. 호비톤 마을 투어버스가 나란히 서 있다.

오비톤 마을 투어버스

호비톤 마을은 영화 〈반지의 제왕〉에서 중간계(Middle Earth)의 배경이 되었던 호빗들이 사는 마을이다. 개별적으로는 여행할 수 없고 투어에 참가해야 한다. 마타마타의 관광안내소(www.matamatanz.co.nz)나 홈페이지(www.hobbitontours.com)에서 신청할 수 있다.

오전 10시 30분 셔틀버스를 타고 호비톤 마을로 들어갔다. 푸른 초원이 넓게 펼쳐지고 양들이 한가롭게 풀을 뜯고 있다. 호비톤 마을은 약간 언덕위에 있는데 호빗들의 집이 오솔길을 따라 이어져 있다.

호비톤 마을

각종 야채와 사과나무 등 과일도 재배하고 있어 실제로 사람이 사는 마을 같다. 토굴 같이 생긴 호빗들의 집이 예쁘게 지어져 있다.

호빗의 집

호빗의 집에 식품을 진열해 놓은 모습이 창틈으로 보인다. 실제로 사람이 살고 있나 싶을 정도로 실감나게 만들어 놓았다.

식품을 진열해 놓은 모습

호빗이 살고 있는 것처럼 굴뚝에서 연기가 나오고 있는 집도 있다.

굴뚝에서 연기가 나오는 집

호비톤 마을을 한 바퀴 돌아보고 휴게실에서 생맥주를 한 잔씩 하는 것으로 관광이 끝난다.

호비톤 마을 관광을 마치고 출발하여 푸른 초원 가운데로 이어진 도로를 달린다. 푸른 초원에서 한가롭게 풀을 뜯고 있는 양, 소, 말의 무리를 보면서 한가로운 초원의 모습을 느낀다.

30여 분을 달리니 퍼스 타워 역사 박물관(Firth Tower Historical Museum)이 보인다. 4층 높이의 성처럼 생긴 탑으로 1882년 조망을 목적으로 언덕 위에 지었다고 하는데 언덕이라고 보기 어려울 정도의 평지에 있다. 관광객이 없어 한낮의 햇빛만 고요히 비치고 있다.

퍼스 타워 역사 박물관

퍼스 타워 역사 박물관을 출발하여 오카우아 스프링스 로드(Okauia Springs Rd)를 달린다. 목장 옆으로 이어진 도로에 가로수가 풍성하다.

풍성한 가로수길

오후 2시 반경 오팔 핫 스프링스(Opal Hot Springs)에 도착하였다.

오팔 핫 스프링스

1880년 개발된 온천장으로 미네랄 야외 풀이 3개 있다. 숙소도 운영하고 있어 여기서 숙박을 하였다. 방에 짐을 옮기고 야외 풀에서 온천욕을 하였다. 한낮의 따사로운 햇살이 포근하게 느껴진다. 며칠간 바쁜 일정을 보냈는데 오늘은 좀 여유가 있어 느긋한 마음이다.

DAY 28 | 해밀턴 & 와이카토 Hamilton & Waikato
2019. 4. 7. 일

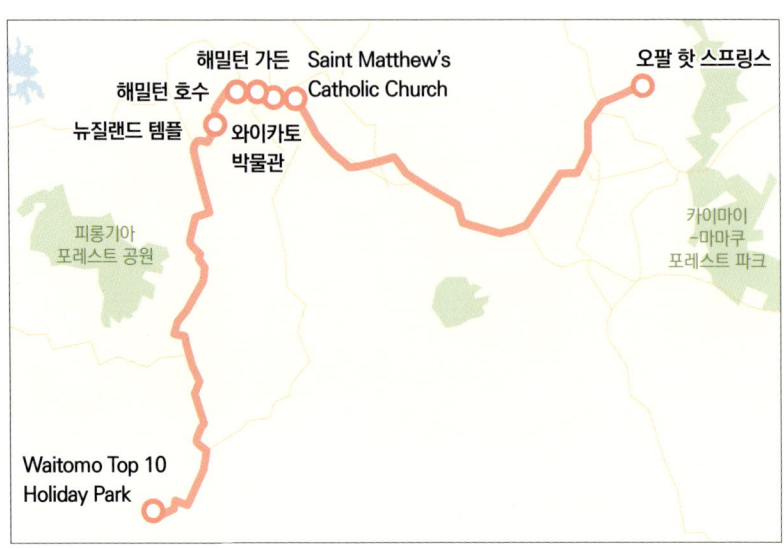

🚗 관광지별 이동거리

오팔 핫 스프링스(63.7km) ➡ Saint Matthew's Catholic Church(3.1km) ➡ 해밀턴 가든(4.2km) ➡ 와이카토 박물관(1.6km) ➡ 해밀턴 호수(7.8km) ➡ 뉴질랜드 템플(65.6km) ➡ Waitomo Top 10 Holiday Park

계 146.0km

여행기

　오늘은 전 세계의 정원을 한 자리에 모아 놓은 해밀턴 가든과 마오리의 역사와 문화가 전시되어 있는 와이카토 박물관을 관광한다. 해밀턴 호수를 둘러보고 남반구 최초로 세워진 모르몬교 사원 뉴질랜드 템플을 관광하는 일정이다.

　오전 8시 10분 호텔을 출발하여 63km 정도 떨어져 있는 해밀턴으로 향하였다. 어제 밤부터 서머타임이 적용되어 한 시간이 늦어지니 아침 시간이 좀 편해진 느낌이다. 한국과는 3시간의 시차다.

　해밀턴 & 와이카토(Hamilton & Waikato)는 뉴질랜드에서 4번째로 큰 도시로 낙농과 원예의 최대 산지다. 총 길이 425km로 뉴질랜드에서 가장 긴 와이카토 강(Waikato River)을 중심으로 서쪽에는 상업지구가 동쪽에는 주택가가 형성되어 있다. 또한 교육과 문화의 도시로 우리나라 유학생과 이민자의 수가 늘어나고 있다고 한다.

　해밀턴의 Saint Matthew's Catholic Church에서 주일미사를 참례하였다. 조그만 성당인데 신자들이 참 많다.

　미사참례를 마치고 해밀턴 가든(Hamilton Gardens)을 관광하였다. 일요일이라 가족단위로 나들이를 나온 사람들도 많고 여러 가지 행사를 하는 모습이 여기저기 보인다.

해밀턴 가든

해밀턴 가든은 와이카토 강과 나란히 펼쳐져 있는데 전 세계의 정원을 한 자리에 모아둔 파라다이스 가든 콜렉션(Paradise Garden Collection), 중국 정원, 일본 정원, 영국 정원이 있다.

정원마다 특색 있게 잘 가꾸어진 꽃들이 무척 아름답다.

아름다운 정원

문 위에 크게 자란 담쟁이넝쿨이 아름답게 단풍으로 물들었다.

단풍으로 물든 담쟁이넝쿨

잘 가꾸어진 정원에서 즐거운 시간을 보내고 준비한 도시락으로 정원 앞 잔디밭에서 점심식사를 하였다. 나들이 나온 사람들이 둘러앉아 식사를 하고 있는 모습이 정겨워 보인다.

점심식사를 마치고 4km 정도 떨어져 있는 와이카토 박물관(Waikato Museum)을 관람하였다.

와이카토 박물관

1층에는 마오리의 역사와 문화에 대한 물건과 작품이 전시되어 있고, 150여 년 전 전투에서 사용했던 태 윈카(Te Winka)라는 카누가 전시되어 있는데 사용할 때의 모습대로 잘 보존되어 있다.

카누

　다른 방에도 카누가 전시되어 있는데 조각이 무척 아름답다.

카누

2층에는 뉴질랜드 국내외 미술작품이 전시되어 있다. Yuki Kihara의 "워킹 2(Walking Ⅱ)"라는 작품이 생동감 있게 다가온다.

와이카토 박물관 관람을 마치고 부근에 있는 해밀턴 호수(Hamilton Lake)를 둘러보았다. 호수 주변으로 녹음이 둘러싸여 있어 한가하게 산책하기에 좋다. 오리와 흑조가 떼를 지어 노닐고 있다.

해밀턴 호수의 흑조

오후 5시경 뉴질랜드 템플(New Zealand Temple)에 도착하였다. 1958년 남반구 최초로 세워진 모르몬교 사원이다. 12월 중순부터 1월 초순까지는 야간에 조명을 밝히는데 멀리서도 보인다고 한다. 공사 중이라 출입은 안 된다.

뉴질랜드 템플

뉴질랜드 템플 관람을 마치고 39번 도로 오름스비 로드(Ormsby Rd)를 따라 65km를 이동하여 Waitomo에 있는 Waitomo Top 10 Holiday Park에 도착하였다. 내일의 관광 일정을 고려하여 Waitomo까지 이동하였다.

DAY 29 | 와이토모 Waitomo, 루아페후 Ruapehu
2019. 4. 8. 월

 관광지별 이동거리

Waitomo Top 10 Holiday Park(0.4km) ➡ 와이토모 동굴(4.0km)
➡ 아라누이 동굴(146.6km) ➡ Plateau Lodge

계 151.0km

📓 여행기

　오늘은 반딧불이의 영롱한 빛을 감상할 수 있는 와이토모 동굴과 수만 년 된 아름다운 종유석을 볼 수 있는 아라누이 동굴을 탐방한다. 그리고 146km 떨어진 루아페후로 이동하는 일정이다.

　오전 8시 호텔을 출발하여 400m 거리에 있는 와이토모 동굴(Waitomo Caves)에 도착하였다. 와이토모 동굴은 개인적으로는 관람을 할 수 없고 매 시각 30분마다 시작하는 투어를 통해서만 관람할 수 있다. 아침 기온이 싸늘하다.

와이토모 동굴 입구

주변에 있는 Waitomo Walkway Lookout를 산책하였다. 전망대에서 내려다보이는 시골 풍광이 참으로 아름답다.

시골 풍광

오전 9시 와이토모 동굴(Waitomo Caves) 투어가 시작되었다. 가이드의 안내를 받아 동굴 안으로 들어갔다. 수만 년 동안 만들어진 종유석 등이 보인다. 동굴 안에서는 반딧불이를 보호하기 위하여 사진 촬영을 하지 못한다.

동굴 안으로 조금 더 들어가 가이드는 조명을 끄고 이 동굴에 대한 설명을 한다. 동굴 천정에 수없이 많은 반딧불이 빛이 영롱하다. 황홀한 광경이다.

찬란한 반딧불이의 영롱한 빛을 감상하고 조금 이동하니 동굴 속의 호수가 나온다. 조그만 보트에 올랐다. 보트는 작은 호수 주변을 서서히 움직인다. 천정에는 반딧불이의 영롱한 빛이 맑은 밤하늘의 별빛처럼 황홀하다. 너무나 감탄스러워 그 느낌을 표현할 길이 없다. 어떻게 이런 광경이 만들어질 수 있을까 의아스러운 마음이다.

　가이드는 반딧불이를 보호하기 위하여 조명을 끈 채 어둠 속에서 안내를 하고 보트를 움직이는 작업을 한다. 자연을 보호하려는 세심한 배려가 이 환경을 그대로 유지할 수 있게 되는 것이다.

　보트는 황홀한 반딧불이의 광장을 지나 동굴 입구의 뒤편에 있는 출구로 나가 관광을 마친다. 동굴 밖에 나와서도 반딧불이의 영롱한 빛이 눈에 아른거린다.

와이토모 동굴의 출구

와이토모 동굴(Waitomo Caves) 관람을 마치고 4km 정도 떨어져 있는 아라누이 동굴(Aranui Caves)에 도착하였다. 와이토모 동굴과 아라누이 동굴을 함께 관람하게 되면 입장료가 할인된다.

오전 11시 아라누이 동굴 관람이 시작되었다. 이 동굴에는 수만 년 된 종유석들이 수없이 흘러내려 아름다운 세상을 만들어 놓았다. 동굴의 크기도 크고 종유석의 크기와 모양도 다양하여 무척 감탄스럽다.

아라누이 동굴

아라누이 동굴 관람을 마치고 4번 도로 스테이트 하이웨이(State Hwy)를 따라 146km 떨어져 있는 루아페후(Ruapehu)로 향하였다.

루아페후는 세계문화유산에 등재된 통가리 국립공원이 있는 곳으로 통가리 국립공원은 북 섬에서 가장 높은 마운트 루아페후(Mt. Ruapehu, 2,797m), 마운트 나우루호에(Mt. Ngauruhoe, 2,287m), 마운트 통가리로(Mt. Tongairo, 1,967m) 등 세 개의 산과 원시림, 독특한 화산지형을 지닌 뉴질랜드 최초의 국립공원이다. 또한 북 섬 최고의 스키장 와카파파(Whakapapa)와 투로아(Turoa)가 있는 곳이다.

오후 3시경 와카파파(Whakapapa) 빌리지의 플라토 로지(Plateau Lodge)에 도착하였다. 푸른 초원 가운데에 있는 조용한 숙소로 편안한 느낌이 든다.

DAY 30 | 루아페후 Ruapehu
2019. 4. 9. 화

🚗 관광지별 이동거리

Plateau Lodge(15.9km) ➡ 통가리로 국립공원 관광안내소(0.3km)
➡ 타라나키 폭포(65.2km) ➡ Mangawhero Falls(42.6km)
➡ 군사 박물관(27.0km) ➡ Safari Motel

계 151.0km

📔 여행기

　오늘은 통가리로 국립공원에 있는 타라나키 폭포와 Mangawhero 폭포를 감상하고 군사 박물관을 관람하는 일정이다.

　오전 8시 50분 Plateau Lodge를 출발하여 통가리로(Tongariro) 국립공원으로 향하였다. 통가리로 국립공원에 가까워지니 루아페후 산의 산봉우리가 아름답게 보인다.

루아페후 산

오전 9시 10분경 Whakapapa Visitor Centre에 도착하였다. 관광안내소에는 기념품점이 있고 직원이 관광객에게 자세한 안내를 해 주고 있다.

통가리로 국립공원에는 리지 트랙(Ridge Track), 실리카 래피드(Silica Rapids), 타마 레이크(Tama Lake) 등 트레킹 코스가 많이 있다. 가장 인기 있는 통가리로 크로싱(Tongariro Crossing)코스는 17km로 편도 7~8시간이 소요된다. 루아페후 산(Mt. Ruapehu, 해발 2,797m)을 일주하는 트랙은 4~5일이 소요되며 최단 코스도 왕복 3시간 이상이 소요된다.

관광안내소

타라나키 폭포(Taranaki Falls)를 향하여 산길을 올라간다. 산책로가 잘 만들어져 있고 넓은 벌판을 바라보며 걸어가니 기분이 상쾌하다.

타라나키 폭포는 루아페후 산의 분화로 생긴 용암 사이로 흘러내리는 높이 20m의 폭포로 암벽 사이로 흘러내리는 물이 푸른 하늘과 어울려 더욱 웅장하고 아름답다.

산책로

타라나키 폭포까지 3km로 왕복 2시간이 소요되는데 폭포로 가는 산책로에서는 루아페후 산의 다양한 모습을 볼 수 있다.

루아페후 산

웅장한 산의 위용

산책로를 따라 맑은 공기를 마시며 타라나키 폭포에 도착하였다. 높은 바위 절벽에서 떨어지는 폭포가 시원스럽다.

타라나키 폭포

타라나키 폭포를 감상하고 돌아가는 길은 반대편으로 이어진 산책로를 따라 이동하였다. 나무 우거진 숲속으로 이어진 산책로가 뜨거운 햇볕을 가려 주어 더욱 편안한 산책길이 된다.

산책로

타라나키 폭포를 구경하고 Mt Ruapehu의 서쪽 방향에 있는 Mangawhero Falls를 보기위하여 이동하였다. 평화롭게 풀을 뜯고 있는 양 떼를 보니 지금 있는 곳이 양의 숫자가 인구의 14배나 되는 뉴질랜드임을 새삼 깨닫게 된다.

평화롭게 풀을 뜯고 있는 양

Mangawhero Falls가 있는 루아페후 산의 서쪽 방향에 가까워지니 하얀 눈으로 덮인 루아페후 산이 아름답게 보인다.

루아페후 산

오하쿤 마운틴 로드(Ohakune Mountain Rd)를 따라 산으로 올라가니 도로의 끝부분에 트로아(Turoa) 스키장이 있다. 스키장 리프트가 설치되어 있으나 스키 시즌이 아니라 리프트는 운행되지 않는다. Ruapehu 산이 손에 잡힐 듯 눈앞에 펼쳐지고 주변 경치가 시원하게 한눈에 들어온다.

루아페후 산

도로를 따라 언덕을 조금 내려가니 언덕아래 계곡에 Mangawhero Falls가 나타난다. 하얀 눈을 머리에 이고 있는 루아페후 산과 어울려 한 폭의 그림과 같다.

Mangawhero Falls 관람을 마치고 오후 4시 반경 군사 박물관(Army Museum)에 도착하였다. 뉴질랜드 군대의 역사와 전 세계 전쟁에 관한 기록 등의 자료를 전시하고 있는 곳이다. 건물 밖에 여러 가지 포가 전시되어 있다.

Mangawhero Falls

오늘은 맑고 아름다운 통가리로 국립공원에서 하루를 보냈다. 청명한 날씨에 기온도 적당하여 홀가분한 기분으로 즐거운 산책을 할 수 있어 행복한 하루였다.

전시되어 있는 포

DAY 31 | 웰링턴 Wellington
2019. 4. 10. 수

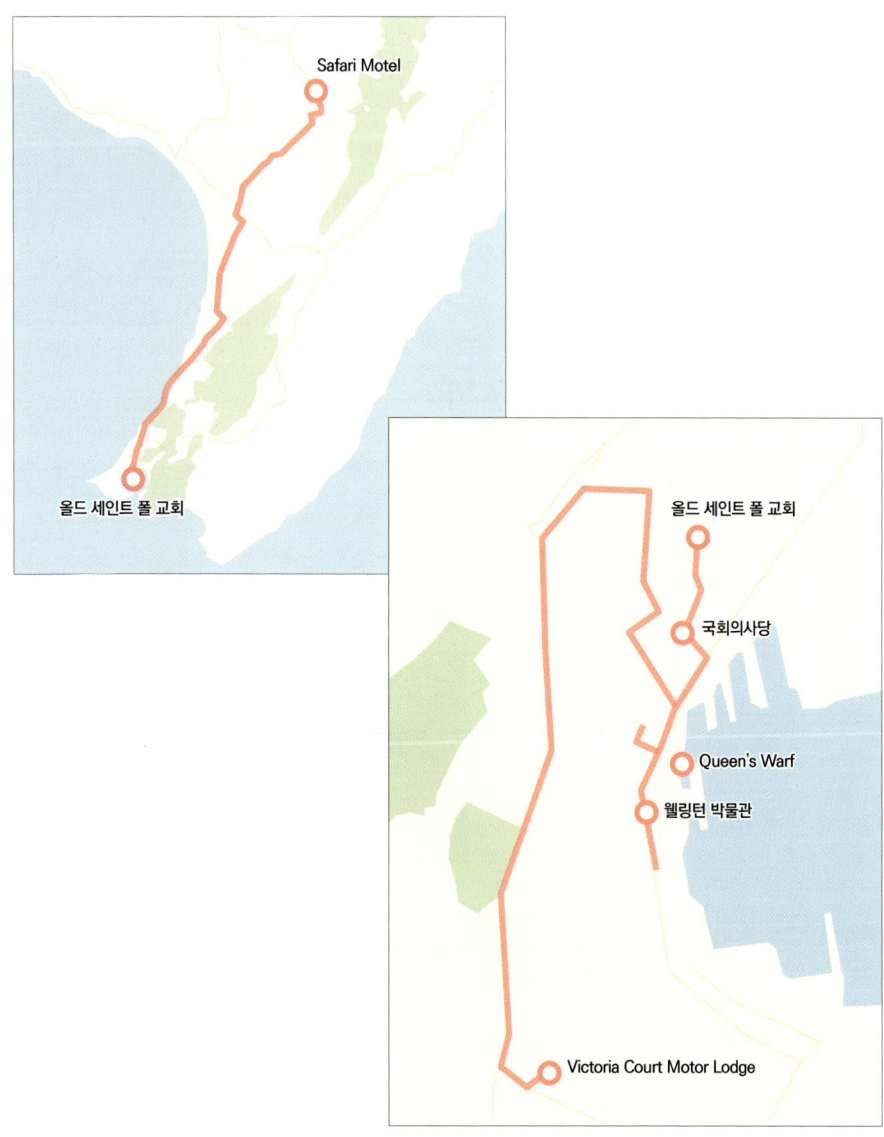

🚗 관광지별 이동거리

Safari Motel(229.0km) ➡ 올드 세인트 폴 교회(1.1km) ➡ 웰링턴 박물관(1.0km) ➡ Queen's Warf(1.2km) ➡ 국회의사당(2.9km) ➡ Victoria Court Motor Lodge

계 235.2km

📔 여행기

　오늘은 뉴질랜드의 수도 웰링턴으로 이동하여 영국 초기 고딕 양식을 보여 주는 목조건물 올드 세인트 폴 교회를 방문하고 웰링턴의 생활상과 개발과정을 전시해 놓은 웰링턴 박물관과 뉴질랜드의 국회의사당을 관광하는 일정이다.

　오전 9시 Safari Motel을 출발하여 웰링턴으로 향하였다. 웰링턴까지는 229km로 3시간이 소요된다. 기온이 많이 내려가 아침 공기가 싸늘하다. 단풍이 들어 누렇게 변해 가는 나무들이 가을이 깊어 가고 있음을 느끼게 한다.

　웰링턴(Wellington)은 **뉴질랜드의 수도**로 쿡 해협과 항구가 원형극장처럼 도시를 감싸고 있으며 화산 활동으로 불쑥 솟아오른 언덕에 항구가 형성되고 그 위에 도시가 세워져 있는 **바람의 도시**이다.

12시경 올드 세인트 폴 교회(Old St. Paul Cathedral Church)에 도착하였다. 바람의 도시답게 바람이 무척 많이 분다.

올드 세인트 폴 교회는 영국 초기 고딕 양식을 보여 주는 목조건물이다.

올드 세인트 폴 교회

교회 안에는 외관 못지 않게 아름답고 경건한 분위기가 감돌고 있으며 스테인드글라스가 아름답다.

올드 세인트 폴 교회

점심식사를 하고 웰링턴 박물관(Wellington Museum)을 보러 갔다.

웰링턴 박물관은 1892년 지은 중후한 대리석 건물로 웰링턴의 생활상과 개발과정, 초기 이민자들의 생활에 대한 자료가 전시되어 있다.

웰링턴 박물관

1층에는 1900년부터 연도별로 생활 도구들을 진열해 놓았고 항해를 위한 장비와 기구들이 전시되어 있다. 2층에는 쿡이 항해할 때 사용했던 자료와 장비 등이 전시되어 있다.

항해 장비

전시되어 있는 장미창 작품이 특히 아름답게 보인다.

장미창

박물관 관람을 마치고 해안가를 따라 워터프런트와 퀸스 워프까지 걸었다.

워터프런트와 퀸스 워프(Water Front & Queen's Warf)는 테 파파(Te Papa)에서 해양 박물관까지 해안을 따라 길게 이어진 보행자 전용 도로다.

언덕에는 하얀 집들이 숲속에 아름답게 보이고 항구에는 보트와 요트가 많이 정박해 있다.

항구 주변 언덕의 주택들

워터프런트에서 가장 번화한 퀸스 워프에는 언더그라운드 마켓과 한국전쟁 기념 동판이 있다.

한국전쟁 기념 동판

퀸스 워프를 둘러보고 국회의사당으로 향하였다. Lambton Quay와 Bowen Street의 교차로에 제1차, 제2차 세계대전에서 희생된 사람들을 기리는 전쟁기념물(Wellington Cenotaph)이 우뚝 세워져 있다.

전쟁기념물

전쟁기념물은 1931년 두 개의 날개와 청동으로 만들어진 말인데 **제2차 세계대전을 기념**하기 위해 2개의 청동 사자와 일련의 청동 프리즈가 추가되었다.

전쟁기념물을 보고 정부종합청사(The Beehive)에 도착하였다. 벌집처럼 생긴 정부종합청사 비하이브(The Beehive)가 우뚝 서 있고 국회의사당, 국회 도서관이 나란히 배치되어 있다. 비하이브는 영국의 건축가 바질 스펜스(Basil Spence)가 설계한 건물인데 아주 독특한 모양을 하고 있어 멀리서도 쉽게 알아볼 수 있다.

정부종합청사 비하이브

정부종합청사 앞에 리차드 존 세돈(Richard John Sedden, 1845~1906)의 동상이 세워져 있다.

리차드 존 세돈의 동상

정부종합청사 건물 안내소에서 국회의사당 관람 신청을 하고 안으로 들어가 보니 마침 국회가 열리고 있다. 의회 회의장은 아주 소박하게 꾸며져 있고 의원들의 수도 많지 않은데 의원들이 열심히 토론을 하고 있다.

국회의사당 옆에는 아름다운 네오고딕 양식의 국회도서관
(Parliamentary Library)이 자리하고 있다. 도서관에서 많은 학생들이
나오고 있다.

국회도서관

시내에 있는 한국 식당에서 비빔밥으로 저녁식사를 하고 시내를 구경
하였다. 시내 중심가에 있는 카페마다 사람들로 북적인다. 뉴질랜드의 수
도임이 실감난다.

DAY 32 | **웰링턴** Wellington
2019. 4. 11. 목

🚗 관광지별 이동거리

Victoria Court Motor Lodge(0.4km) ➡ 쿠바 몰(0.8km)
➡ 관광안내소(0.1km) ➡ 시빅 스퀘어(0.5km) ➡ 국립 박물관 파파(2.2km)
➡ 콜로니얼 코티지 박물관(2.2km) ➡ 카터 천문대(1.0km)
➡ 보타닉 가든(2.6km) ➡ Victoria Court Motor Lodge

계 9.8km

📖 여행기

　오늘은 시내 번화가인 쿠바 몰과 시빅 스퀘어를 둘러보고, 뉴질랜드 최대 규모의 국립 박물관 파파와 웰링턴에서 가장 오래된 건물 콜로니얼 코티지 박물관, 뉴질랜드에서 가장 큰 카터 천문대와 보타닉 가든을 관광하는 일정이다.

　아침에 일어나니 비가 내린다. 오늘은 웰링턴 시내 관광을 하려고 하는데 아침부터 비가 내리니 심난하다. 오전 9시 호텔을 출발하였다.

　10여 분 거리에 있는 쿠바 몰(Cuba Mall)에 도착하였다. 쿠바 몰은 쿠바 스트리트를 따라 길게 이어진 번화가로 Cuba라고 써진 붉은색 이정표가 있다. 보도 양쪽으로 음식점과 선물가게, 의류점 등이 이어져 있고 아침부터 사람들이 많이 오가고 있어 활기찬 모습이다.

쿠바 몰

거리에는 꽃과 나무로 조경을 잘해 놓았고 휴식을 취할 수 있는 의자에도 꽃술을 매달아 장식을 해 놓았다. 매년 2월 이곳의 바와 나이트클럽 등을 중심으로 뮤직, 댄스 축제인 "쿠바 카니발(Cuba Canival)"이 열린다고 한다.

꽃술로 장식한 의자

쿠바 몰을 지나고 나니 관광안내소(Wellington Visitor Centre)가 나타난다. 안내소 앞에 마이클 파울러 센터(Michael Fowler Centre)가 있는데 아직 문을 열지 않았다. 마이클 파울러 센터는 3층 높이의 공연장으로 건물의 외관이 아름답다.

마이클 파울러 센터

관광안내소에서 100m 정도 이동하니 시빅 스퀘어(Civic Square)가 나온다. 광장 가운데에 있는 전망대에 "마오리족의 낚싯줄(Te Aho a Maui)"이라는 조각품이 전시되어 있다.

Te Aho a Maui

전망대 가운데에 테드 셔웬(Ted Sherwen)의 작품도 전시되어 있다. 도시와 바다를 연결하는 다리(City to Sea Bridge)라는 의미를 가진 "Para Matchitt 1993"이라고 제목이 붙어 있는 나무로 만든 조각품이다. 비가 계속 내린다.

Para Matchitt 1993

광장 주변으로 마이클 파울러 센터, 타운 홀, 중앙도서관, 시티 갤러리가 있다.

 시티 갤러리(The City Gallery)는 시빅 스퀘어의 중심에 있는 대리석 건물로 중앙도서관과 붙어 있다.

시티 갤러리

 시티 갤러리에 들어가 보니 화려한 영상물이 벽면에 비쳐지고 있고 다양한 조각 작품들이 전시되어 있다. 누구나 무료로 관람할 수 있다.

시빅 스퀘어를 돌아보고 500m 정도 떨어져 있는 국립 박물관 파파 (Museum of New Zealand Te Papa)를 관광하였다.

국립 박물관 파파는 1998년 개관하였는데 뉴질랜드의 과거와 현재, 미래를 동시에 보여 주는 박물관으로 뉴질랜드 최대 규모와 최고의 수준이다.

박물관은 석조 건물로 외관이 웅장하고 박물관 앞에는 지구본 모양의 조형물이 설치되어 있다.

국립 박물관 파파

2층에는 전쟁의 과정을 담은 영상과 조형물을 많이 만들어 놓았는데 조형물이 정교하게 잘 만들어져 있어 실제 전쟁에 관한 영화를 보는 듯 실감이 난다. 전쟁 조형물의 마지막에 나오는 전사자의 가족이 눈물을 흘리고 있는 장면을 보면서 전쟁의 아픔이 느껴져 가슴이 뭉클해진다.

전투 장면을 묘사해 놓은 조형물

전쟁의 아픔

3층은 미술관, 4층은 마오리전시관으로 마오리 집회장소인 "마래(Marae)"를 재현해 놓았는데 나무에 다양한 문양을 새겨 놓아 무척 화려하다.

마래

점심식사를 하고 콜로니얼 코티지 박물관(The Colonial Cottage Museum)을 관광하였다. 웰링턴 지역에서 가장 오래된 건물로 1958년 윌리엄 월리스(William Wallis)라는 목수가 지은 집이라고 한다. 당시 개척민의 생활을 엿볼 수 있는 소품과 가구들을 전시하고 있다.

콜로니얼 코티지 박물관

코티지 박물관을 관람하고 케이블카 매표소로 이동하였다. 카운트 타운 마트 옆으로 난 골목으로 들어가니 케이블카 매표소와 출발장소가 나온다. 시내 중심부에서 해발 122m 언덕 위에 있는 주택가 켈번(Kelburn)까지 연결되어 있는 케이블카(The Welington Cable Car)를 타려고 하였는데 오늘은 케이블카를 운행하지 않는다.

렌터카로 카터 천문대(Carter Observatory)에 올라갔다. 돔 모양의 천문대는 뉴질랜드의 천문 관측 시설 중 최대 규모를 자랑하는 곳으로 초대형 천체 망원경을 보유하고 있어 남반구의 밤하늘을 생생하게 관찰할 수 있다고 한다. 천문대에서 시내가 내려다보이는데 비가 많이 내려 시내의 모습이 흐릿하다.

카터 천문대

언덕 아래로 내려가니 보타닉 가든이 나온다. 보타닉 가든(Botanic Garden)은 케이블카 종착역 부근의 언덕 전체에 넓게 펼쳐진 25ha 규모의 식물원으로 로즈 가든, 베고니아 하우스, 트리 하우스 등이 있다.

로즈 가든에 들어가 보니 넓은 부지에 장미를 많이 심어 놓았는데 꽃이 지는 철이라 꽃이 많지 않다. 언덕 위에 있는 하얀 집과 어울린 장미 정원이 멋있게 보인다.

장미 정원

오늘은 하루 종일 비가 내려 웰링턴 시내에 있는 좋은 관광지를 느끼기에 어려움이 많아 아쉬움이 남는다.

DAY 33 | 웰링턴 Wellington
2019. 4. 12. 금

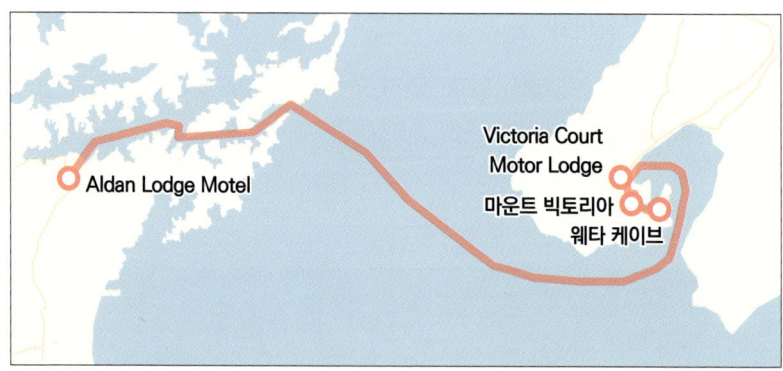

 **관광지별 이동거리**

Victoria Court Motor Lodge(1.3km) ➡ 마운트 빅토리아(6.4km) ➡ 웨타 케이브(10.5km) ➡ 북 섬의 인터아일랜더 페리 터미널(98.8km) ➡ 남 섬의 픽턴 페리 터미널(1.0km) ➡ Aldan Lodge Motel

계 118.0km

여행기

오늘은 마운트 빅토리아에 올라 웰링턴 시내와 항구의 아름다운 경관을 감상하고, 〈킹콩〉으로 유명한 영화 제작소 웨타 케이브를 관광한 후 남 섬으로 이동하는 일정이다.

오전 8시 50분 호텔을 출발하였다. 하늘은 흐리고 바람이 많이 분다. 4km 정도 떨어져 있는 마운트 빅토리아(Mt. Victoria)에 올라갔다. 언덕을 올라가는 도로의 경사가 심하고 좁은 도로 옆에 많은 차량들을 주차시켜 놓아 운전을 하는 데 신경이 많이 쓰인다.

마운트 빅토리아는 해발 196m의 나지막한 언덕으로 바람이 무척 심하게 분다. 언덕에 올라가니 바다 한가운데에 있는 분수대에서 분수가 시원스럽게 뿜어져 나오고 있다.

바다 분수

주차장 앞에 삼각형 모양의 기념탑이 있는데 기념탑 안에 미국의 극지방 탐험가 Richard Evelyn Byrd(1888~1957)의 두상을 세워 놓았다.

Richard Evelyn Byrd의 두상

정상에 있는 전망대에서는 웰링턴 시내의 풍경이 한눈에 내려다보이는데 둥그렇게 이어진 해안선과 어울려 시내의 모습이 참으로 아름답다.

웰링턴 시내의 모습

언덕에서 시내를 조망하고 내려가 6km 정도 떨어져 있는 웨타 케이브(The Weta Cave)에 도착하였다. 이곳은 〈반지의 제왕〉, 〈호빗〉, 〈아바타〉, 〈킹콩〉, 〈나니아 연대기〉 등을 제작한 영화 제작소로 입구에 커다란 트롤이 세워져 있다.

트롤 조형물

관광안내소 안에 있는 조그만 박물관에는 영화를 제작할 때 사용하는 조그만 캐리커처(Caricature)를 많이 진열해 놓았다. 아침 시간인데도 관광객들이 많고 어린이들을 동반한 가족단위 관광객도 몇 사람 보인다.

캐리커처

웨타 케이브 관광을 마지막으로 북 섬 여행을 마쳤다. 북 섬의 웰링턴과 남 섬의 픽턴(Picton)을 잇는 바닷길 쿡 해협(Cook Strait)을 페리를 이용하여 남 섬으로 이동하게 된다. 웰링턴에서 픽턴으로 가는 인터아일랜더(Interislander) 페리 터미널은 아오테아 키(Aotea Quay)에 있으며 배가 이동하는 시간은 3시간 정도 소요된다.

북 섬에 있는 인터아일랜더 페리 터미널로 이동한다. 이제 카페리를 타면 남 섬으로 가게 되는 것이다. 고속도로를 달려 페리 터미널에 거의 도착했는데 갑자기 차량이 크게 흔들린다. 옆 차로로 우리 차를 추월하던 차량이 우리 차의 앞 범퍼부분을 충격한 것이다.

 자동차에서 내려 보니 우리 차량의 앞 범퍼가 내려앉았다. 보험회사에서 나오고 견인차가 오고 시간이 흐른다. 보험회사에서 보낸 견인자동차가 우리 차량을 수리하기 위하여 견인하자고 한다. 오늘 남 섬으로 가는 카페리를 타지 못하면 여행 일정에 큰 차질이 생겨 난감하다.

 차량을 점검해 보니 앞 범퍼만 부서지고 차량은 운전이 가능하다. 보험회사에 사고 신고는 했으니 나머지 문제는 남 섬에 가서 처리하기로 했다. 부서진 범퍼를 테이프로 붙이고 남 섬의 픽턴으로 가는 카페리 터미널로 향하였다. 바람이 심하게 불고 기온이 내려가 두꺼운 점퍼를 입었는데도 무척 춥다.

테이프로 범퍼를 붙인 모습

12시 반에 인터아일랜더(Interislander) 페리 터미널에 도착하였다. 초행자는 페리 터미널로 들어가는 진입로를 찾기가 쉽지 않다. 터미널은 공사 중이라 어수선한데 한편에 조그만 카페가 하나 있어 샌드위치로 점심식사를 대신하였다. 우리나라의 터미널과 달라 주변에 식사를 할 곳이 전혀 없다.

오후 2시 반 페리에 자동차를 싣기 시작하더니 3시 반에 북 섬의 웰링턴을 출발한다. 페리는 무척 크고 차량을 많이 실어 차량을 싣는 시간도 많이 걸린다. 배에 타고 나니 그나마 천만다행이었다는 생각이 들어 마음이 놓인다.

카페리

배가 항구를 떠나 30여 분 쯤 지나니 망망대해가 펼쳐지는데 바람이 많이 불어 풍랑이 무척 거세다. 차량을 무척 많이 실은 큰 카페리인데도 의자에 앉아서 안정을 취해야 할 정도로 배가 많이 흔들린다.

오후 6시가 가까워오니 날이 어두워진다. 날씨가 흐려서 그런지 해가 빨리 지는 것 같다. 지는 해가 바다를 빨갛게 물들인다.

석양

픽턴에 가까워지면서 내해로 접어드니 풍랑이 가라앉아 바다는 잠잠해진다. 오후 6시 50분 남 섬의 픽턴 페리 터미널(Picton Ferry Terminal)에 도착하였다. 항구에는 어둠이 내렸다.

어둠이 내린 픽턴 항구

차량 사고 때문에 힘들기는 했지만 일정에 차질 없이 북 섬에서 남 섬으로 이동하여 다행스럽다.

나. 남 섬(South Island)

DAY 34 | **픽턴** Picton, **넬슨** Nelson
2019. 4. 13. 토

🚗 관광지별 이동거리

Aldan Lodge Motel(1.2km) ➡ 에드윈 폭스 해양 박물관(0.3km)
➡ 에코 월드 픽턴 아쿠아리움(0.2km) ➡ 픽턴 박물관(106.3km)
➡ 파운더스 헤리티지 공원(7.0km)
➡ Tahuna Beach Kiwi Holiday Park & Motel

계 115.0km

여행기

남 섬 여행의 첫날이다.

남 섬(South Island)의 면적은 151,000㎢로 험준한 습곡 산맥이 많은 지형이며 척추 구실을 하는 산맥이 섬 전체로 뻗어 있다. 세계 문화 유적지 테와이히포우나무(Te Waihipouna-mu)가 있다. 남 섬은 남쪽 고산지대가 타즈만 해(Tasman Sea)로부터 비를 몰아오는 바람을 막고 있어 산맥 서쪽으로는 강수량이 많지만 동쪽은 메마른 편이다. 남 섬은 북 섬에 비하여 좀 더 시원한 편이다.

오늘은 픽턴에 있는 에드윈 폭스 해양 박물관과 에코 월드 픽턴 아쿠아리움, 픽턴 박물관을 관광하고 106km 떨어져 있는 넬슨으로 이동하여 유립 이주민들의 정착기를 보여 주는 민속촌 파운더스 헤리티지 공원을 둘러보는 일정이다.

아침에 일어나니 하늘에 구름 한 점 없이 청명한 날이다. 오늘부터 남섬 여행을 시작하게 되는데 아침 날씨가 좋으니 기분이 상쾌하다.

남 섬의 픽턴(Picton)은 페리를 이용하는 여행자들에게는 남 섬 여행의 출발점이다. 넘실거리는 쿡 해협의 파도와 밀포드 사운드의 아름다운 섬들이 있고 바다와 변화무쌍한 지형을 이용한 카약, 트레킹, 크루즈 등 매력이 많은 곳이다.

오전 9시 픽턴에 있는 모텔을 출발하였다. 어제 웰링턴에서 접촉사고로 부서진 차량을 교체하기 위하여 에이스 렌터카 센터를 방문하였다. 에이스 렌터카 센터는 픽턴 부두 앞에 있다. 부서진 차량을 교체하였다. 퍽 다행스럽다.

픽턴 부두 옆에 있는 에드윈 폭스 해양 박물관(The Edwin Fox Maritime Museum)을 관람하였다. 에드워드 폭스 호를 전시하고 있는데 1853년 진수되어 화물 수송선으로 사용되었던 배다. 인도산 티크 목재로 만들어졌으며 무게 76t, 길이 48m이다. 배를 전시하고 있는 건물이 바닷가에 길게 누워서 지어져 있고 그 안에 배가 전시되어 있다.

에드윈 폭스 해양 박물관

에드윈 폭스 해양 박물관 바로 옆에는 에코 월드 픽턴 아쿠아리움(Eco World Picton Aquarium)이 있다. 밀포드 사운드의 해양 환경을 눈과 손으로 직접 체험할 수 있는 곳이다.

에코 월드 픽턴 아쿠아리움

점심식사를 하고 에코 월드 픽턴 아쿠아리움 바로 옆에 있는 픽턴 박물관(Picton Museum)을 관람하였다. 런던 키(London Quay)의 바닷가 녹지대에 지은 박물관으로 2,000여 점의 전시품을 간직하고 있으며 포경기지로 번영을 누린 도시답게 고래 잡는 총과 포경과 관련한 전시물이 많다.

픽턴 박물관

커다란 고래 머리뼈 화석이 전시되어 있고 각국의 화폐를 모아 놓은 곳에는 우리나라의 1,000원권과 10,000원권 지폐가 전시되어 있다.

고래 머리뼈 화석   전시되어 있는 화폐

픽턴 박물관 관람을 마치고 6번 도로 스테이트 하이웨이(State Hwy)를 따라 106km 떨어져 있는 넬슨으로 향하였다. 넬슨(Nelson)은 뉴질랜드에서 연중 일조량이 가장 풍부한 도시로 온화한 기후를 가지고 있다. 구불구불한 산길을 돌고 돌아 두 시간이 소요되어 넬슨의 파운더스 헤리티지 공원에 도착하였다.

파운더스 헤리티지 공원(Founders Heritage Park)은 유럽 이주민들의 정착기를 보여 주는 민속촌이다.

관광안내소는 커다란 풍차모양으로 멋을 내어 놓았고 입구로 들어가자 예쁘게 단장한 구 성당 건물이 눈앞에 들어온다.

구 성당

1880~1930년대 옛 모습 그대로의 거리가 재현되어 있고, 그 당시에 생활하고 있던 모습대로 소방서, 공작소, 인쇄소 등이 배치되어 있다.

공작소

인쇄소

전시관에는 유리병이나 조그만 전구 속에 배를 제작해 놓은 전시물이 전시되어 있다. 무척 신기하고 특이하다.

유리병 속의 배

전구 속의 배

민속촌은 무척 넓다. 꼬마기차를 타고 민속촌을 돌아보는 공간도 있고 옛날에 사용하던 가재도구들을 전시해 놓은 전시관도 있다. 옛날의 시간으로 돌아간 것 같은 느낌이다.

DAY 35 | 넬슨 Nelson
2019. 4. 14. 일

🚗 관광지별 이동거리

Tahuna Beach Kiwi Holiday Park & Motel(9.9km)
➡ Our Lady of Perpetual Help Catholic Church(14.5km)
➡ 뉴질랜드 배꼽(1.5km) ➡ 슈터 미술관(1.2km) ➡ 크라이스트처치 성당
(5.5km) ➡ 타후나누이 해변(48.2km) ➡ Eden's Edge Lodge

계 80.8km

여행기

　오늘은 뉴질랜드의 중심에 해당하는 뉴질랜드의 배꼽에서 아름나운 넬슨 시내를 조망하고 석판화, 악기 등이 전시되어 있는 슈터 미술관과 크라이스트처치 성당을 관광하고 타후나누이 해변을 둘러보는 일정이다.

　오전 8시 반 모텔을 출발하였다. 일요일 미사를 참례하기 위하여 10km 정도 떨어져 있는 Our Lady of Perpetual Help Catholic Church에 도착하였다.

　크지 않은 성당인데 신자들이 많아 보인다. 천주교 예식에 의하면 오늘은 주님수난성지주일이다. 신자들이 축성한 성지가지를 들고 성당 밖에서부터 예수님의 예루살렘 입성을 축하하는 노래를 부르며 행렬을 하여 성당 안으로 들어가는 예식을 행하는 날이다.

　많은 신자들이 성당 밖에 모여 노래를 부르며 정성스럽게 예식을 행한다.

예식을 행하는 장면

미사를 마치고 넬슨 시내 동쪽의 보타닉 리저브에 있는 뉴질랜드 배꼽을 관광하러 갔다.

뉴질랜드 배꼽(Centre of New Zealand)은 보타닉 리저브(Botanic Reserve) 안에 있으며 뉴질랜드의 중심에 해당하는 곳이다.

주차장에서 산책로를 따라 20여 분 정도 걸어 올라가니 정상이 나온다. 정상에는 뉴질랜드의 중심에 해당하는 점을 표시해 놓은 동판이 있고 동판에 있는 점을 가리키고 있는 조형물이 세워져 있다.

뉴질랜드의 중심 표시 동판

동판의 중심점을 가리키고 있는 조형물

눈앞에 펼쳐진 아름다운 넬슨 시내의 모습과 멀리 태즈만 해(Tasman Bay)의 푸른 바다가 시원스럽게 보인다.

넬슨 시내의 모습

오후에는 슈터 미술관(Suter Art Gallery)을 관람하였다. 슈터 미술관은 브리지 스트리트(Bridge St.) 동쪽에 있는 퀸스 가든(Queen's Gardens) 안에 있다.

슈터 미술관

1889년 개관하였으며 석판화, 악기, 도예품 등 다양한 물건을 전시하고 있다.

슈터 미술관 관람을 마치고 2km 정도 떨어져 있는 크라이스트처치 성당(Christ Chuch Cathedral)을 관광하였다. 성공회 성당으로 트라팔가 스트리트(Trafalgar Street) 한복판 언덕 위에 자리 잡고 있는데 높은 종탑 위에 국기가 게양되어 있다.

크라이스트처치 성당

크라이스트처치 성당의 종탑

성당 제대 뒤에는 커다란 십자가가 걸려 있고 제대 옆에는 커다란 파이프 오르간이 자리 잡고 있다. 성화가 그려진 스테인드글라스가 참으로 아름답다. 성당 언덕 위에서 조용한 마을이 내려다보인다.

마을의 모습

크라이스트처치 성당을 둘러보고 5km 정도 서쪽에 있는 타후나누이 해변(Tahunanui Beach)으로 이동하였다. 입구에 있는 커다란 워터슬라이드에서는 많은 어린이들이 즐겁게 놀고 있다. 미니 골프장과 운동장, 동물원도 있으며 토요일 오전에는 해안가에서 주말시장도 열린다고 한다.

광활한 해변이 넓게 펼쳐지고 언덕에는 아름다운 집들이 숲속에 들어서 있다. 해변에서 일광욕을 즐기는 사람들의 모습이 한가로워 보인다.

타후나누이 해변

해변에서 한가로운 오후의 시간을 보내고 타즈만 해(Tasman Bay)를 따라 이어진 60번 도로 더 코스털 하이웨이(The Coastal Hwy)를 달려 48km 정도 떨어진 조그만 마을에 있는 Eden's Edge Lodge에 도착하여 숙박을 하였다.

DAY 36 | 푸나카이키 Punakaiki, 그레이마우스 Greymouth
2019. 4. 15. 월

🚗 관광지별 이동거리

Eden's Edge Lodge(147.0km) ➡ 블러 계곡의 흔들다리(125.0km) ➡ 팬케이크 록(47.0km) ➡ Greymouth Motel

계 297.0km

📓 여행기

오늘은 블러 강에 아슬아슬하게 걸려 있는 블러 계곡의 흔들다리를 체험하고 겹겹이 쌓인 석회질 바위가 마치 팬케이크 같은 모양을 하고 있는 팬케이크 록을 관람한 후 그레이마우스로 이동하는 일정이다.

아침에 일어나니 하늘에 구름이 가득하다. 롯지 주변을 산책하였다. 올리브나무에는 올리브가 주렁주렁 열려 있고 사과 농장에는 빨간 사과가 탐스럽게 열려 있다. 주변이 숲속이라 아침 공기가 상큼하다.

사과 농장

오전 9시 롯지를 출발하였다. 6번 도로 Kohatu-Kawatiri-Hwy를 달린다. 도로는 산속으로 이어지고 하늘이 보이지 않을 정도로 나무가 우거진 숲속 길이 맑고 상쾌한 아침 정기를 느끼게 한다.

나무 우거진 숲속 길

12시경 블러 계곡의 흔들다리(Buller Gorge Swing Bridge)에 도착하였다. 산속으로 이어진 도로가 무척 구불구불하여 운전에 무척 조심스럽고 147km의 거리를 3시간이 소요되었다.

블러 계곡의 흔들다리는 6번 도로 Kohatu-Kawatiri-Hwy의 무르치슨(Murchison)을 지나 블러 고지 근처에 있는 블러 강의 협곡에 놓인 흔들다리다.

옥색 물빛 위를 가르는 블러 강 위에 아슬아슬하게 흔들다리가 놓여 있다.

흔들다리

흔들다리 아래에는 푸른빛의 블러 강물이 시원스럽게 흐른다.

블러 강

흔들다리를 지나니 하늘이 보이지 않을 정도로 우거진 삼림 속으로 산책로가 이어진다.

산책로

시원한 그늘 속으로 이어진 산책로를 따라 들어가니 Ariki Falls가 나온다. 크지 않은 폭포이나 깊은 계곡에서 흘러내리는 물소리가 우렁차다.

Ariki Falls

폭포를 구경하고 흔들다리 입구로 되돌아 나가니 왕복 1시간이 소요된다. 출렁다리 앞에서 준비한 도시락으로 점심식사를 하였다. 주변에 식사를 할 곳이 전혀 없는 산간지대라 음식을 준비해야 한다.

점심식사를 하고 팬케이크 록(Pancake Rocks)을 향하여 출발하였다. 도로가 좁고 구불구불하여 속도를 내기가 어렵고 운전에 무척 조심해야 한다.

오후 4시 40분 푸나카이키(Punakaiki)에 있는 팬케이크 록(Pancake Rocks)에 도착하였다. 125km의 거리를 2시간 30분이 소요된다.

팬케이크 록

팬케이크 록 입구에서 10분가량 수목원처럼 잘 가꾸어진 숲길과 캐노피 워크웨이를 따라가니 바다와 맞닿은 기암괴석 사이로 바닷물이 솟아오르는 블로홀(Blowhole)이 나타난다. 바위 틈 사이에서 마치 고래가 숨을 쉬는 것처럼 하늘로 솟구치는 물줄기는 자연의 경이로움을 온몸으로 느끼게 한다.

블로홀

바닷가로 만들어진 산책로를 따라 산책을 하였다. 나무와 꽃으로 잘 가꾸어 놓은 정원이다.

산책로

바닷가에 겹겹이 쌓인 석회질 바위가 마치 팬케이크를 쌓아 놓은 것처럼 자연이 만든 독특한 조형물 팬케이크 록이 펼쳐져 있다. 거세게 밀려오는 파도와 어울려 아름답다.

팬케이크 록

넓은 바다를 향하여 두 개의 바위가 그림같이 서 있다.

아름다운 바위

오후 6시가 지나자 해가 진다. 둥근 해가 바다 한가운데로 떨어지는데 구름에 가려 일부는 잘 보이지 않는다. 하늘은 온통 붉은빛으로 물들었다.

석양

어둠이 내리고 나서 그레이마우스(Greymouth)에 있는 Greymouth Motel에 도착하였다.

그레이마우스는 남 섬의 서해안 웨스트코스트(Westcoast)의 중심도시로 뉴질랜드 명산품 그린스톤(녹옥)의 산지로 유명한 곳이다.

DAY 37 | 그레이마우스 Greymouth, 빙하지대 The Glaciers
2019. 4. 16. 화

🚗 관광지별 이동거리

Greymouth Motel(2.9km) ➡ 시계탑(0.1km)
➡ 레프트 뱅크 아트 갤러리(0.5km) ➡ 히스토리 하우스 박물관(11.5km)
➡ 샨티 타운(168.0km) ➡ 관광안내소(0.1km) ➡ 58 On Cron Motel

계 183.1km

📖 여행기

　오늘은 그레이 강둑 앞에 세워진 시계탑과 공예품전시장 레프트 뱅크 아트 갤러리, 개척시대의 모습을 볼 수 있는 히스토리 하우스 박물관을 관람하고 민속촌 샨티 타운을 관광한 후 빙하지대로 이동하는 일정이다.

　오전 9시 모텔을 출발하여 3km 정도 떨어져 있는 시계탑(Clock Tower)에 도착하였다. 마웨라 키(Mawhera Quay)와 타이누이 스트리트(Tainui St)가 교차하는 그레이 강(Grey River)둑 앞에 사각의 시계탑이 우뚝 서 있다.

시계탑

시계탑 앞에 있는 계단을 올라가니 그레이 강의 푸른 물결이 시원스럽다.

그레이 강의 푸른 물결

시계탑 앞에 있는 레프트 뱅크 아트 갤러리(Left Bank Art Gallery)를 관람하였다. 이 지역 예술가들의 작품을 모아 둔 공예품 전시장으로 유리와 목재 등을 이용한 공예 작품들을 전시하고 있다.

레프트 뱅크 아트 갤러리

전시되어 있는 공예품

그레이 강둑을 따라 500m 정도 이동하여 히스토리 하우스 박물관에 도착하였다. 히스토리 하우스 박물관(History House Museum)은 험준한 산악지대인 웨스트코스트(West Coast)의 개척시대 모습과 골드러시 시대를 보여 주는 흑백사진을 전시하고 있는 곳인데 문을 닫았다.

히스토리 하우스 박물관

그레이 마을을 출발하여 오전 10시 반경 샨티 타운(Shanty Town)에 도착하였다. 1865년 골드러시 시대의 도시를 그대로 복원해 놓은 민속촌이다.

샨티 타운

기차를 타고 숲속으로 들어가 금을 채취하던 당시의 장비 등이 전시되어 있는 곳을 둘러보았다. 옛날 방식대로 대야에 흙을 넣고 물에 흔들며 사금을 채취하는 작업에 직접 참여하고 있는 사람들도 있다.

사금 채취 장면

광장에는 그 당시의 마을 모습을 재현해 놓았는데 우체국, 식당, 호텔, 병원, 소방서, 이발소, 귀금속상 등 도시의 모습이 그대로 재현되어 있어 흥미롭다.

재현해 놓은 마을 모습

전시관에는 동, 식물의 모양이 그대로 보존되어 있는 화석이 다양하게 전시되어 있다.

화석

점심식사를 하고 6번 도로 하리하리 하이웨이(Harihari Hwy)를 따라 웨스트랜드 지방의 빙하지대(The Glaciers)를 향하여 달린다.

산도 넘고 경사가 심한 구불구불한 도로가 이어진다. 168km 떨어진 69 Cron St. Franz Josef에 있는 관광안내소(Westland Tai Poutini National Park Visitor Centre)까지 3시간이 소요된다.

뉴질랜드의 빙하지대로 대표되는 웨스트랜드(Westland) 지방은 마운트 쿡이 칼로 절단한 듯 깎아지른 모습으로 빙하에 덮여 다이내믹한 산악 풍경을 연출하고 있는 곳인데 프란츠 요셉 빙하와 폭스 빙하가 가장 볼만하다.

관광안내소 주변에 있는 상가에는 빙하 관광으로 유명한 관광지답게 많은 사람들로 북적인다. 관광안내소에서 내일의 관광일정에 대한 안내를 받고 시내를 둘러보았다. 빙하관광 헬기 투어와 트레킹을 안내하는 곳과 식당, 카페 등이 많이 있고 모텔 등 숙박업소도 많이 있어 번화한 도시다.

DAY 38 | 빙하지대 The Glaciers
2019. 4. 17. 수

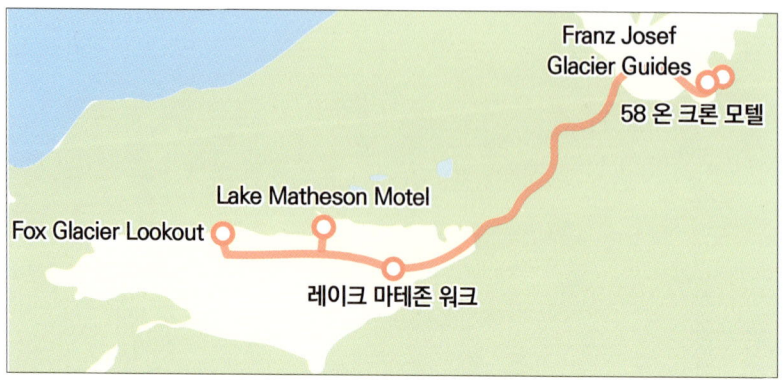

🚗 **관광지별 이동거리**

58 On Cron Motel(0.5km) ➡ Franz Josef Glacier Guides(28.6km) ➡ 레이크 마테존 워크(5.9km) ➡ Fox Glacier Lookout(8.6km) ➡ Lake Matheson Motel

계 43.6km

 **여행기**

　오늘은 헬리콥터를 타고 프란츠 요셉 빙하를 체험하고 그림같이 아름다운 매서슨 호수를 트레킹 한 후 웅장한 폭스 빙하를 관광하는 일정이다.

오전 9시경 Motel을 출발하여 500m 정도 떨어져 있는 Franz Josef Glacier Guides에 도착하였다. 헬리콥터를 타고 프란츠 요셉 빙하(Franz Josef Glacier)를 관광하는 시발점이다.

프란츠 요셉 빙하는 1985년 이후 약 1.7km가 줄었고 지금도 하루에 70cm씩 앞으로 움직이고 있는데 종착지가 될 하스트(Hast)까지는 7~8km 정도가 남아 있다고 한다.

Franz Josef Glacier Guides

헬리콥터 플라이트(Helicopter Flight)는 요셉 빙하 상공을 비행한 뒤 빙하에 상륙하는 Neve Discover와 프란츠 요셉과 폭스 빙하 두 군데를 비행 후 빙하에 착륙하는 Twin Glacier가 있는데 우리는 Twin Glacier를 체험한다. 관광안내소에 비행코스를 나타낸 지도가 붙어 있다.

오전 9시 헬리콥터를 타기 위하여 강변으로 나갔다. 강변에는 헬리콥터 착륙장이 여러 개 만들어져 있는데 헬리콥터가 수시로 내리고 이륙한다.

헬리콥터 착륙장

오전 10시 헬리콥터는 착륙장을 떠나 순식간에 고도를 잡고 빙하가 있는 방향으로 날아간다. 헬리콥터 아래로 보이는 산에는 나무가 무성하다.

나무 우거진 산

계곡을 따라 흘러내리는 거대한 빙하의 모습이 보인다.

계곡으로 흘러내린 빙하

흰 눈 속에 칼날같이 날카롭게 솟아 있는 산봉우리가 아름답게 보인다.

흰눈 속에 묻혀 있는 산봉우리

빙하가 녹아 칼날을 세워 놓은 것 같은 모양으로 골이 나 있어 빙하가 많이 녹아 가고 있는 것을 느낄 수 있다.

빙하

빙하 상공을 돌면서 아름다운 빙하의 모습을 보여 준 후 헬리콥터는 벌판같이 넓은 빙하위에 사뿐히 내려앉는다. 하얀 빙하 가운데 칼날같이 서 있는 바위산이 아름답다. 맑은 공기를 힘껏 들이마신다.

빙하 착륙

잠시 설원에서의 시간을 보내고 헬리콥터는 빙하벌판을 이륙하여 출발지점으로 돌아간다. 깊은 계곡에는 빙하가 녹아서 생긴 황무지 같은 땅이 넓게 펼쳐져 있다.

빙하가 녹아 버린 계곡

빙하관광을 마치고 6번 도로 폭스 글라시어 하이웨이(Fox Glacier Hwy)를 28km 달려 매서슨 호수 입구에 있는 레이크 마테존 워크(Lake Matheson Walk) 입구에 도착하였다. 푸른 초원 뒤로 보이는 빙하의 모습이 아름답다.

초원과 어울린 빙하

매서슨 호수(Lake Matheson)는 마을에서 서쪽으로 약 5km 떨어진 호수로 레이크 마테존 워크 입구에 있는 주차장에서부터 호수를 일주하는 데 1시간 30분 정도 걸린다.

　레이크 마테존 워크웨이(Lake Matheson Walkway)를 따라 걸었다. 호수 주변으로 이어진 산책로는 경사가 완만하고 부드러운 흙길이라 걷기에 너무나 좋다. 호수를 한 바퀴 돌면서 다른 모습으로 보이는 빙하의 다양한 모습을 보는 것도 무척 즐겁다.

산책로

Jetty Viewpoint에 도착하니 호수에 비친 서던 알프스 빙하의 모습이 그림 같다.

호수와 어울린 빙하

호수를 한 바퀴 돌아나가니 빙하 산허리에 구름이 감겨 또 다른 빙하의 모습을 보여 준다.

산허리에 구름이 감긴 빙하

매서슨 호수 관광을 마치고 6km 정도 이동하여 폭스 빙하를 보러 갔다.

폭스 빙하(Fox Glacier)는 빙하의 길이가 14km인데 폭스 빙하를 전망하기 좋은 Fox Glacier Lookout인 콘 록(Corn Rock)까지 가는 길이 산속으로 이어져 있다.

며칠 전 폭우로 부서져 공사 중인 다리를 지나 콘 록 입구로 조금 들어가니 도로가 폐쇄되었다. 주변에 차를 주차시키고 도보로 이동하는데 도로가 유실되어 사람이 걸어갈 수 있는 조그만 길만 남아 있고 도로 아래 강변 건너편에서는 도로 복구 공사가 한창이다.

폭우로 유실된 도로

산책로는 나무숲 속으로 이어진다. 산책하는 사람이 별로 없어 호젓한 길이다.

산책로

온수가 솟아오르는 샘이 나온다. 물에 손을 넣어 보니 따뜻하다.

따뜻한 샘물

폭우로 도로가 유실되어 산속으로 산책로를 만들어 놓은 구간도 나온다. 나무가 우거져 밀림 속 같다.

산속으로 이어진 산책로

3km 정도 걸어 들어가니 콘 록 주차장이 나온다. 주차장에서 언덕을 내려갔다. 넓은 계곡에 무척 큰 바위들이 깔려 있는 모습이 마치 큰 폭풍이 휩쓸고 지나간 자리를 연상케 한다. 멀리 폭스 빙하가 신비스럽게 보인다.

폭스 빙하

 커다란 바위가 깔린 계곡에서 잠시 휴식을 하고 나무숲이 우거진 산길을 따라 주차장으로 내려갔다. 오늘은 하루 종일 빙하와 함께한 시간으로 많이 걸었고 맑은 공기를 흠뻑 들이마신 건강한 하루였다.

DAY
39 | **와나카**(Wanaka)
2019. 4. 18. 목

 관광지별 이동거리

Lake Matheson Motel(170.0km) ➡ Thunder Creek Falls(6.0km)
➡ Fantail Falls(14.0km) ➡ 블루 풀즈 워크(33.0km)
➡ Lake Wanaka Lookout(36.0km) ➡ 퍼즐링 월드(2.0km)
➡ Archway Motel & Chalets

계 261.0km

📓 여행기

오늘은 빙하지대를 출발하여 와나카로 이동한다. 이동하면서 중간에 Thunder Creek Falls, Fantail Falls를 구경하고 블루 풀즈 워크를 산책하며 Lake Wanaka Lookout에서 Lake Wanaka의 찬란한 물빛을 감상한다. 와나카에 도착하여 환상과 상상을 주제로 한 퍼즐링 월드를 체험하는 일정이다.

오전 9시 모텔을 출발하여 와나카(Wanaka)로 향하였다. 6번 도로 하스트 하이웨이(Haast Hwy)를 달린다. 와나카까지는 261km의 거리이나 도로의 경사가 심한 곳도 있고 구불구불한 길도 있어 5시간 정도가 소요된다.

12시경 Thunder Creek Falls에 도착하였다. 높은 산 바위틈에서 쏟아져 내리는 폭포가 장관이다. 폭포수가 흐르고 있는 강에는 맑은 물이 시원스럽다.

Thunder Creek Falls

Thunder Creek Falls를 감상하고 6번 국도를 또 달린다. 10여 분 지나니 Fantail Falls가 나온다. 규모는 작으나 나무숲 속에서 흘러내리는 폭포가 운치가 있다.

Fantail Falls

잠시 휴식을 하고 다시 6번 도로를 달린다. 20여 분을 더 달리니 블루 풀즈 워크(Blue Pools Walk)가 나온다. 여기서 도시락으로 점심식사를 하였다. 깊은 산길로 이어지는 구간이므로 식당이 없어 음식을 준비해야 한다.

블루 풀즈 워크(Blue Pools Track)는 아스파이어링 국립공원 내에 있는 트레킹 코스인데 입구에서부터 빽빽한 숲길이 이어지고 마카로로아(Macaroroa)강을 가로지르는 흔들다리를 지나면서부터 에메랄드 빛 호수가 펼쳐진다.

점심식사를 하고 트레킹 코스를 산책하였다. 나무가 빽빽하게 우거진 숲속으로 이어진 산책로가 걷기에 참 좋다.

산책로

흔들다리가 나온다. 마카로로아 강 위에 걸쳐진 다리가 흔들거려 아찔하다. 다리 밑으로는 마카로로아 강의 맑은 물이 조용히 흐른다.

흔들다리

마카로로아 강

또 하나의 다리가 나온다. 산책길은 다리를 지나 산속으로 이어지고 다리 밑에는 조그만 호수가 보인다. 산골짜기에서 흘러내려 오는 물이 잠시 머무는 곳으로 맑고 푸른 물이 넘실거린다.

산책길로 이어진 다리

호수 아래로 연결되어 있는 마카로로아 강가에서 많은 사람들이 돌무더기도 만들고 물 튕기기도 하며 한가한 오후 시간을 즐기고 있다.

강가에서 물 튕기기를 하는 사람들

블루 풀즈 워크 산책을 마치고 다시 6번 도로를 달린다. 33km를 더 달리니 Lake Wanaka의 푸른 물이 보이기 시작한다. Lake Wanaka Lookout에 도착하여 웅대한 호수를 감상한다. 호수의 물빛이 찬란하다.

Lake Wanaka

오후 4시경 와나카(Wanaka)에 있는 퍼즐링 월드(Puzzling World)에 도착하였다. 건물 앞에 삐딱한 전시물 리닝 타워(Leaning Tower)가 특이하다.

리닝 타워

와나카는 남 섬 제3의 휴양지로 호수를 둘러싸고 시가지가 형성되어 있으며 아늑한 느낌을 주는 작은 마을이다.

퍼즐링 월드는 환상과 상상을 주제로 한 아주 독특한 공간으로 각각의 주제로 펼쳐지는 다섯 개의 일루션 룸(환각의 방)이 있고, 전시물 리닝 타워(Leaning Tower) 안에는 유명한 인사의 얼굴을 조각해 놓은 방, 홀로그램과 몽상화, 착시현상을 이용한 물건들, 와나카의 사탑, 각종 퍼즐 등이 여러 가지 상상을 일으키게 한다.

유명 인사들의 얼굴 조각

미로 그레이트 메이즈(Great Maze)에 들어가 보았다. 1.5km나 되는 2층으로 된 미로 공간으로 Red, Blue, Green, Yellow 등으로 구분되어 있는데 생각보다 목표지점을 찾아가기가 쉽지 않다. 아주 독특한 공간 체험이다.

DAY 40 | 와나카 Wanaka
2019. 4. 19. 금

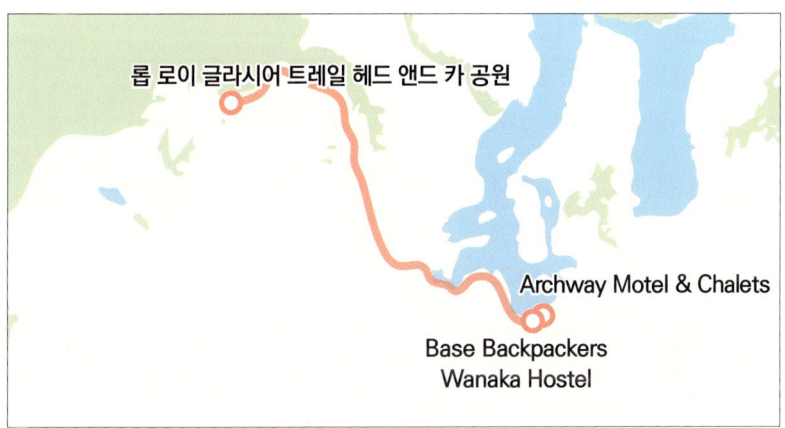

 관광지별 이동거리

Archway Motel & Chalets(52.7km)
➡ 롭 로이 글라시어 트레일 헤드 앤드 카 공원(52.3km)
➡ Base Backpackers Wanaka Hostel

계 105.0km

 여행기

오늘은 롭 로이 글라시어 트레일 헤드 앤드 카 공원에 있는 아스파이어링 산의 롭 로이 워크를 트레킹(trekking)하는 일정이다.

롭 로이 글라시어 트레일 헤드 앤드 카 공원(Rob Roy Glacier Trail Head and Car Park)은 1964년에 마운트 아스파이어링(Mount Aspiring, 해발 3,027m)을 중심으로 지정된 국립공원으로 눈 덮인 산과 얼어붙은 빙하를 만날 수 있다.

오늘 트레킹하는 롭 로이 워크(Rob Roy Walks)는 3시간 코스로 잘 정비된 길과 아름답고 변화가 풍부한 경관으로 이름이 있는 곳이다.

오전 모텔을 출발하였다. 시골길을 달린다. 넓은 목장에 양과 소의 평화로운 모습이 이어진다.

양 떼의 목장

모텔에서 공원 입구까지 52km의 거리인데 비포장도로와 조그만 개울을 건너게 되어 1시간 40분이 소요되어 오전 9시 40분에 공원 주차장에 도착하였다. 주차장에는 많은 차량들이 주차해 있고 트레킹을 시작하는 사람들로 분주하다. 주변에는 넓은 들판이 펼쳐져 있고 많은 소들이 방목되고 있어 시골의 한가한 풍경 그대로의 모습이다.

방목하고 있는 소

멀리 보이는 빙하가 방목하고 있는 한가로운 소 떼와 어울려 아름답다.

빙하

주차장에서 빙하를 향하여 출발한다. 계곡에 걸쳐 있는 흔들다리를 지나니 산길로 이어지는데 흙길이라 푹신하여 걷기에 참으로 편안하다.

계곡에 걸쳐 있는 흔들다리

산책로를 따라 산으로 조금 올라가니 쉼터의자가 놓여 있다. 전망이 좋은 곳이라 넓게 펼쳐진 강이 한눈에 내려다보인다.

넓게 펼쳐진 강바닥

산책로는 조금씩 경사가 높아지고 계곡에는 옥수가 힘차게 흐르는데 이 물은 빙하가 녹아서 내려오는 물이다. 빙하가 얼마나 많이 녹고 있는 지를 느낄 수 있다.

계곡을 흐르는 옥수

오르막길과 내리막길이 반복되어 나오고 계곡에는 엄청난 크기의 암석 들이 아름다운 조화를 이루고 있다. 트레킹을 하는 사람들이 무척 많아 유명한 트레킹 코스임이 느껴진다.

계곡

전망대가 나온다. 나무숲 사이로 산봉우리에 있는 빙하의 모습이 아름답게 보인다.

나무숲 사이로 보이는 빙하

30분을 더 올라가니 전망대가 또 나온다. 산책로의 마지막 지점이다. 빙하의 모습이 가깝게 보이고 실낱같은 폭포가 흘러내리고 있어 신비스럽다.

실낱같은 폭포

빙하

주변에 있는 다양하고 커다란 돌무더기가 깊은 계곡 속에 들어와 있음을 느끼게 한다. 상쾌한 산의 정기를 받으니 어렵게 오른 산행의 보람이 느껴진다.

산행의 종점

빙하의 아름다움을 감상하고 하산을 서두른다. 주차장에 도착하니 3시간으로 생각했던 산행시간이 4시간이 소요되었다.

비포장도로를 달려 와나카 시내에 있는 Base Backpackers Wanaka Hostel에 숙박하였다. 와나카는 관광객이 많아 오래전에 숙소를 예약하였는데도 예약에 어려움이 있었다.

DAY 41 | 와나카 Wanaka, 퀸스타운 Queenstown
2019. 4. 20. 토

🚗 관광지별 이동거리

Rase Backpackers Wanaka Hostel(0.4km)
➡ 아드모어 스트리트(2.0km) ➡ 마운트 아이언(56.8km)
➡ 번지점프 브리지(10.4km) ➡ 애로타운(13.6km) ➡ 온센 스파(7.5km)
➡ Blue Peaks Lodge

계 90.7km

📔 여행기

　오늘은 2,000년의 역사를 기록해 놓은 아드모어 스트리트를 둘러보고, 마운트 아이언에 올라 와나카 시내의 아름다운 모습을 감상한다. 56km 떨어진 퀸스타운으로 이동하여 세계 최초의 상설 번지점프장인 번지점프 브리지를 방문하고, 뉴질랜드 개척시대의 모습을 재현해 놓은 애로타운을 관광하는 일정이다.

　오전 8시 반에 숙소를 출발하여 로이즈 만(Roys Bay)의 해변에 있는 아드모어 스트리트(Ardmore St.)에 도착하였다. 로이즈 만의 넓은 바다가 시원스럽게 펼쳐진다.

로이즈 만의 시원한 바다

도로가로 이어진 붉은색 보도블록에는 연도별로 역사적인 사건이 적혀 있다. 예수탄생에서부터 2,000년까지의 역사적인 사건과 발명품에 대한 것들이다. 제일 처음에 나오는 보도블록에는 예수탄생이 기록되어 있고 1933년에 나자렛 예수 로마에서 십자가에 못 박힌 내용이 기록되어 있다.

예수탄생에 관한 기록

나자렛 예수 십자가에 못 박힌 내용

1939년 제2차 세계대전 발발과 1945년 종전에 관한 내용도 있고, 우리나라에 관한 내용은 1988년 서울 올림픽에서 금메달을 딴 뉴질랜드의 선수에 관한 기록이다.

1939년 제2차 세계대전 시작 / 1945년 전쟁 끝

1988년 서울올림픽 금메달 내용

아드모어 스트리트를 둘러보고 오전 9시 반경 마운트 아이언(Mt. Iron)에 도착하였다.

마운트 아이언은 해발 546m의 산으로 가볍게 전망을 즐길 수 있는 워킹 트랙이다.

목장 울타리를 지나 지그재그로 연결된 길을 따라 올라가니 와나카 시내의 모습과 멀리 호수의 모습이 아름답게 펼쳐진다.

와나카 시내의 모습

돌로 쌓은 탑

정상까지는 40분이 소요된다. 정상은 평평한데 돌로 쌓아 올린 탑 위에 도시의 방향을 표시한 동판이 놓여 있고 옆에는 측지측량 마크가 세워져 있다. 주변의 나지막한 평야지대와 와나카 시내가 한눈에 들어온다.

마운트 아이언(Mt. Iron) 조망을 마치고 카드로나 밸리 로드(Cardrona Vally Rd)를 따라 퀸스타운(Queenstown)을 향하여 출발하였다. 이슬비가 조금씩 내린다.

카드로나 밸리 로드를 20여 분 달리니 카드로나(Cardrona) 마을이 나온다. 길가에 줄을 길게 쳐 놓고 여성의 브라를 걸어놓았다. 부근에 있는 카드로나 박물관에서 하는 전시행사이다.

브라 진열 모습

길이 무척 험하다. 경사진 언덕길을 몇 바퀴 돌고 돌아 내려간다. 비가 오고 있어 더욱 조심스럽다.

경사진 언덕길

12시경 퀸스타운의 번지점프 브리지에 도착하였다. 퀸스타운은 남 섬에서 두 번째로 큰 도시이다.

번지점프 브리지(Aj Hackett Bungy Bridge)는 카와라우 강(Kawarau River)물을 가로지르는 다리 한가운데에 있는 세계 최초의 상설 번지점프장으로 높이는 43m이다.

카와라우 강 위에 걸려 있는 번지점프 브리지가 익어 가는 가을 단풍과 어울려 아름답다. 다리 아래에는 에메랄드빛 강물이 유유히 흐르고 있다.

번지점프 브리지

이슬비가 조금씩 내리는데 점프대에서는 여러 사람이 번지점프를 하려고 대기하고 있다. 젊은 남녀 두 사람이 연이어 점프대에서 뛰어내린다. 밧줄에 매달려 강물 위로 힘차게 떨어졌다가 하늘로 솟구쳐 오르는 동작이 젊은이들의 가슴에 벅찬 희열을 느끼게 하는가 보다.

번지점프

　번지점프를 구경하고 10km 정도 떨어져 있는 애로타운(Arrowtown)에 도착하였다.

　애로타운은 뉴질랜드의 개척시대를 재현해 놓은 민속촌이며 실제로 주민들이 생활하고 있는 작은 마을이다. 애로타운에 있는 레이크 디스트릭트 뮤지엄(Lakes District Museum)은 개척시대의 생활 소품, 사굴 채굴에 사용하던 도구들을 전시하고 있다.

민속촌 안에 있는 버킹엄 스트리트(Buckingham St.)를 따라 걸었다. 늘어서 있는 건물 대부분이 실제로 사용되던 역사적 유적이라고 하는데 그 당시의 모습을 가까이서 느낄 수 있도록 잘 보존되어 상점과 주택으로 사용하고 있다.

버킹엄 스트리트에 있는 상가

박물관 옆에는 기념품점과 의류점이 이어져 있는데 관광객이 무척 많아 조그만 마을이 무척 활기찬 모습이다.

박물관

박물관 안에는 옛날에 사용하던 가재도구, 피아노와 항해에 관한 장비들이 전시되어 있다.

피아노

항해 장비

애로타운을 관광하고 13km 정도 떨어져 있는 온센 스파(Onsen Hot Pool)를 방문하였다. 실내 스파와 노천 온천이 있으며 스파 욕조에서 바라보는 바깥 풍경이 무척 아름답다고 하여 한국의 허니문 여행자들이 즐겨 찾는 곳이다.

온센 스파

스파 건물은 조그만 가옥같이 보이는데 그 아래에 있는 깊은 계곡에 맑은 물이 흐르고 있어 경치가 아름답다. 오래전에 예약이 끝나 예약을 하지 못하여 외관만 구경하였다.

온센 스파 아래 계곡

DAY **42** | **퀸스타운** Queenstown
2019. 4. 21. 일

🚗 관광지별 이동거리

Blue Peaks Lodge(0.3km) ➡ St Josephs Parish(1.1km)
➡ 키위 & 야생 조류 공원(0.1km) ➡ 스카이라인 콤플렉스(1.4km)
➡ 퀸스타운 가든(1.5km) ➡ Real Journeys Visitor Center(1.3km)
➡ Blue Peaks Lodge   계 5.7km

📓 여행기

　오늘은 새 쇼가 펼쳐지는 키위 & 야생 조류 공원을 둘러보고 곤돌라를 타고 보브스 피크 정상에 올라 아름다운 주변 경관을 감상한 후, 증기선 언슬로 호를 타고 와카티푸 호수의 아름다운 경관을 즐기는 일정이다.

　아침에 일어나니 이슬비가 내린다. 오늘은 부활주일이라 부근에 있는 St. Josephs Parish 성당에 가서 주일미사를 참례하였다. 성당이 크지 않은데 신자들이 많아 자리가 모자랄 정도다. 여기는 우리나라처럼 부활주일이라고 특별한 행사를 하지 않고 평소 주일처럼 미사를 진행한다.

　주일미사를 마치고 부근에 있는 키위 & 야생 조류 공원(Kiwi & Birdlife Park)을 관광하였다.

키위 & 야생 조류 공원

키위하우스가 별도로 만들어져 있다. 키위는 어두운 곳에서 생활하고 있어 자세히 보아야 어둠 속에서 움직이는 것을 볼 수 있는데 먹이 주는 시간이 되니 사육사가 키위 우리 안으로 들어가서 먹이를 준다.

새들을 종류별로 보호하고 있고 시간대별로 새 쇼를 볼 수가 있는데 새와 도마뱀 투이타라 등의 동물 먹이 주기 쇼를 보여 준다.

새 쇼

도마뱀 투이타라

동물 먹이 주기 쇼

조류공원 바로 위에 스카이라인 콤플렉스(Skyline Complex)가 있다. 곤돌라를 타고 해발 790m 보브스 피크 정상에 올라갔다. 정상에서는 와카티푸 호수(Lake Wakatipu)와 주변의 산들이 한 폭의 그림처럼 아름답게 펼쳐진다.

와카티푸 호수

와카티푸 호수 주변의 풍광

산 정상에 있는 뷔페식당에서 점심식사를 하였다. 어린이들과 함께 주말 나들이 나온 가족들로 식당은 만원이다.

산 정상에서 아래로 이어지는 루지(Luge) 코스에는 주말 나들이 나온 가족들이 길게 줄을 서 있다.

루지 코스

산 정상에서 내려가 퀸스타운 가든(Queenstown Gardens)으로 이동하였다.

퀸스타운 가든은 와카티푸 호수를 향해 엄지손가락처럼 튀어나온 작은 반도 전체가 정원이며 와카티푸 호수(Lake Wakatipu)는 뉴질랜드에서 **세 번째로 큰 호수**다.

정원 입구부터 아름드리나무들이 위용을 자랑하고, 많은 사람들이 산책을 하고 있다. 비취빛으로 반짝이는 물빛이 무척 아름답다. 공원 잔디밭에 "백합(Fleur)"이라는 제목이 붙어 있는 조각상이 인상적이다.

조각상

호수 한편에 있는 Real Journeys Visitor Center에서 증기선 언슬로 호(T. S. S. Earnslaw)가 출발한다.

증기선 언슬로 호는 석탄을 연료로 하는 남반구 최후의 증기선 가운데 하나다. 비취빛의 와카티푸 호수 위로 하얀 증기를 뿜으며 진행하는 증기선을 타고 호수의 경관을 감상하는 것은 또 하나의 낭만이다.

증기선 언슬로 호를 탔다. 증기선은 무척 큰 배인데 증기선의 1층에 있는 바에서 한 노인이 피아노를 연주하고 있다.

증기선 언슬로 호

증기선의 지하에 내려가니 증기선이 취항할 때의 사진을 전시해 놓았고, 석탄을 때서 증기를 만들어 배를 움직이게 하는 모습을 볼 수 있도록 내부를 공개해 놓았다.

증기선 내부

호수 주변에 있는 바위산 정상에 구름이 피어올라 아름답게 보인다.

바위산

증기선은 월터 피크(Walter Peak)까지 올라갔다가 되돌아온다. 월터 피크에서 사람들은 내리기도 하고 타기도 한다. 호수 앞에 있는 식당 건물이 아름답다.

호수 앞에 있는 식당 건물

증기선에서 내리니 많은 사람들로 북적인다. 거리의 악사가 개를 옆에 앉혀 놓고 기타를 치며 열심히 노래를 부르고 있다. 호수 건너편에 있는 바위산이 넘어가는 햇살을 받아 불그레해졌다.

거리의 악사

주변 바와 식당에는 관광객들이 몰려 성황이다. 관광지에 온 실감이 난다.

DAY 43 | 테 아나우 Te Anau
2019. 4. 22. 월

🚗 관광지별 이동거리

Blue Peaks Lodge(1.3km) ➡ Lake wakatipu view point(170.7km)
➡ 테 아나우(29.0km) ➡ 테 아나우 다운스(29.0km) ➡ 거울 호수(20.0km)
➡ Lake Gunn(11.0km) ➡ Lake Marian Trail Car Park(60.0km) ➡
Fiordland National Park Lodge

계 321.0km

📖 여행기

오늘은 Lake wakatipu view point에서 햇살에 반짝이는 와카티푸 호수의 경관을 감상하고, 테 아나우로 이동하여 거울같이 맑은 거울 호수와 Lake Gunn을 감상한 후 Lake Marian Trail을 산책하는 일정이다.

아침에 일어나 창밖을 바라보니 구름이 산허리를 감싸고 있는 아름다운 광경이 펼쳐진다. 와카티푸 호수에서 피어나는 구름이 하늘로 올라가며 바위로 뒤덮인 산봉우리가 서서히 아침을 맞이하고 있는 것이다.

안개 자욱한 산

잠시 퀸스타운 가든을 산책하였다. 어제 많은 사람들로 북적이던 분위기와 다르게 조용하고 아름다운 하루가 시작되고 있다. 아침 공기가 상쾌하다.

퀸스타운 가든

안개 낀 와카티푸 호수와 안개 속에 봉우리만 조금 보이는 산봉우리가 신비스럽다.

안개 자욱한 와카티푸 호수

퀸스타운 가든과 이어져 있는 퀸스타운 몰은 어제 많은 사람들로 붐비던 모습과 다르게 아직 문을 열지 않아 조용하다.

오전 9시 Blue Peaks Lodge를 출발하여 10분 거리에 있는 Lake wakatipu view point에 도착하였다. Lake wakatipu의 푸른 물 주위로 툭 튀어나온 반도와 바위산에 걸쳐 있는 안개가 어울려 너무나 아름다운 한 폭의 그림이다.

Lake wakatipu

Lake wakatipu의 아름다운 모습을 뒤로 하고 테 아나우(Te Anau)를 향하여 출발하였다. Lake wakatipu를 따라 이어져 있는 6번 도로 킹스턴 로드(Kingston Rd)를 달린다. 호수 주변에 병풍처럼 펼쳐져 있는 산허리에는 안개가 선을 그어 놓은 듯 아름답게 단장을 했다.

안개와 어울린 아름다운 산

6번 도로 킹스턴 로드(Kingston Rd)를 90여 km 달리다가 로우더(Lowther) 마을을 지나면서 97번 모스번 화이브 리버스 로드(Mossburn Five Rivers Rd)로 갈아타고 달린다. 알파카를 기르는 목장도 보인다. 흰 털과 검은 털을 가진 알파카가 우리를 빤히 쳐다본다.

알파카

오전 11시 40분경 170km를 달려 테 아나우에 도착하였다.

테 아나우(Te Anau)는 도시 전체가 높은 산과 울창한 숲으로 둘러싸여 있으며 테 아나우 호수 초입에 자리하고 있는 밀포드 사운드와 다웃풀 사운드 피오르드 관광의 거점이 되는 도시다.

테 아나우에서 점심식사를 하고 29km 떨어져 있는 테 아나우 다운스(Te Anau Downs)에 도착하였다. 테 아나우 호숫가 선착장에 밀포드 사운드로 가는 크루즈가 정박해 있다. 이곳은 숙박업소 등 주택 몇 채만 있는 작은 마을로 테 아나우 호숫가 선착장에서 밀포드 사운드로 가는 크루즈가 출항한다.

테 아나우 호수를 잠시 둘러보고 94번 도로 테 아나우 밀포드 하이웨이(Te Anau Milford Hwy)를 29km 정도 더 달리니 거울 호수(Mirror Lake)가 나타난다. 거울 호수(Mirror Lake)는 유리처럼 깨끗하고 맑은 호수로 주변의 산들이 거울 호수에 들어와 산이 두 개씩 있는 것처럼 보여 참으로 아름답다.

거울 호수

호수 가운데에 거꾸로 세워 둔 "Mirror Lake" 표시판이 물속에 비쳐 바로 선 모습으로 보인다.

"Mirror Lake" 표시판

도로는 하늘이 보이지 않을 정도로 우거진 숲길로 이어진다. 정말로 한적한 시골길이다.

숲속으로 이어진 도로

미러 호수를 지나 20여 분을 더 달리니 Lake Gunn의 모습이 보이기 시작한다. 도로와 나란히 이어지는 Gunn 호수는 울창하게 우거진 숲속에서 시원한 모습을 보여 준다.

Gunn 호수

Gunn 호수에서 10여km를 더 달리니 Lake Marian Trail 입구 삼거리가 나온다. 여기서 오른쪽 방향에 있는 홀리포드 트랙(Holly Ford Track)을 따라 1km 정도 내려가니 Lake Marian Trail Car Park가 있다. 마리안 호수로 올라가는 산책로의 시작점이 되는 곳이다.

마리안 호수(Lake Marian)는 키 서미트 정면에 보이는 마운트 크리스티나 서쪽의 깊은 U자형 계곡 안에 있는 호수로, 수면의 고도가 **해발 698m이며 높이 2000m 이상의** 고산들에 둘러싸여 있다.

주차장에서 다리를 건너 계곡을 따라 이어지는 산책로를 따라 올라가니 계곡에는 맑은 물이 넘쳐흐른다. 1시간 30분 정도 울창한 너도밤나무 숲길을 오르면 마리안 호수가 보이는데 기암절벽과 정상 부근의 빙하가 어우러져 그림 같이 아름답다고 한다. 계곡에서 맑은 물, 맑은 공기를 한껏 느끼고 내려가는 것으로 오늘의 일정을 마친다.

마리안 호수로 올라가는 다리　　　　　　　　　　　　　　　　　계곡을 흐르는 맑은 물

주차장에서 왔던 길을 되돌아 나가 60km를 이동하여 테 아나우 다운스에 있는 피오르랜드 내셔널 파크 롯지(Fiordland National Park Lodge)에서 숙박을 하였다. 이곳 주변에는 숙박을 할 곳이 없고 식당과 주유소도 없는 곳이라 길을 뒤돌아 가서 숙박을 하게 된 것이다. 무척 깊은 산골이다.

DAY 44 | 밀포드 사운드 Milford Sound
2019. 4. 23. 화

 관광지별 이동거리

Fiordland National Park Lodge(29.0km) ➡ 거울 호수(42.9km)
➡ 호머 터널(17.3km) ➡ 밀포드 사운드 주차장(9.3km)
➡ 더 캐즘(79.5km) ➡ Fiordland National Park Lodge

계 178.0km

🎞 여행기

　오늘은 밀포드 사운드 크루즈를 타고 세계적인 아름다운 관광지 밀포드 사운드의 피오르드 지형과 변화무쌍한 자연 경관을 감상하는 일정이다.

　오전 7시 30분 호텔을 출발하였다. 밀포드 사운드 크루즈(Milford Sound Cruise)의 예약 시간 때문에 일찍 출발한 것이다. 이른 아침이라 앞이 잘 보이지 않을 정도로 안개가 자욱하다.

　Eginton Valley Viewpoint가 나온다. 넓은 초원으로 안개에 싸인 주변 산들의 모습이 아름답다. 많은 차량들이 빠른 속도로 지나간다.

안개에 싸인 산하

시간이 지나면서 안개는 조금씩 걷히고 맑은 하늘이 드러난다. 어제 잠시 보았던 거울 호수(Mirror Lake)에 들렀다. 새벽이라 물속에 비친 산의 반영이 더욱 선명하여 무척 아름답다.

거울 호수에 비친 산의 반영

거울 호수를 둘러보고 출발하여 산림이 우거진 숲속 길을 지나고 경사가 심한 산비탈을 올라 호머터널을 지난다.

호머 터널(Homer Tunnel)은 남반구의 알프스라고 부르는 더런 산맥을 통과하는 1,219m의 1차선 터널로 18년 동안의 난공사 끝에 1953년 개통되었다.

호머 터널

터널 안은 어두워 조심스럽게 운전하다 보니 터널이 더 길게 느껴진다. 터널을 지나고 나니 시야가 확 트이며 급경사 내리막길이 이어진다.

오전 10시경 밀포드 사운드(Milford Sound) 주차장에 도착하였다. 주차장에서 크루즈 터미널까지 도보로 10분 거리인데 무료 셔틀 버스가 운행되고 있다.

밀포드 사운드 크루즈는 밀포드 사운드의 피오르드 지형과 변화무쌍한 자연 경관을 감상할 수 있는 최고의 수단이다.

밀포드 로드가 끝나는 곳에 있는 크루즈 터미널에 도착해 보니 많은 크루즈 선이 정박해 있고 배를 타려고 많은 사람들이 대기하고 있다. 바위 덩어리로 이루어진 산들이 주변을 압도한다.

바위 덩어리 산

오전 10시 30분 크루즈 선이 부두를 출발하였다. 배는 넓은 바다를 향하여 나가는데 깎아지른 듯한 바위산들이 좌우에 도열해 있고 바위산 위에는 실개천 같은 물줄기가 길게 흘러내린다.

아름답게 이어진 산

크루즈 선이 넓은 바다에 도달하니 바람도 거세지고 풍랑도 많이 일어난다. 넓은 바다 입구에 있는 조그만 바위섬에 파도가 몰아친다.

밀포드 사운드

파도 부딪치는 바위섬

멀리 흰 눈을 가득 담고 있는 산봉우리들이 아름답게 보이고 바위 위에서 물개가 놀고 있는 모습도 보인다. 바위 사이에서 흘러 떨어지는 폭포의 위용이 대단하다.

바위 사이에서 떨어지는 폭포

크루즈 선이 넓은 바다까지 갔다가 항구로 되돌아오는 데 2시간이 소요된다. 밀포드 사운드 지역은 모기가 극성을 부린다고 해서 걱정했는데 여름철이 지나서인지 모기가 많이 보이지는 않아 다행스럽다.

밀포드 사운드에는 **세계에서 가장 아름다운 트레킹 코스**로 3박 4일이 소요되는 54km에 달하는 밀포드 사운드 트랙(Milford Sound Track)이 있는데 사전 예약제로 하루 40명으로 제한을 하고 있다. 또한 2박 3일이 소요되는 33km에 달하는 루트번 트랙(Routerburn Track)이 있다.

밀포드 사운드 관광을 마치고 되돌아 나오는 길에 있는 더 캐즘(The Chasm)을 구경하였다. 밀포드 크루즈 선착장과 호머 터널의 중간 도로변에 있는데 바위틈으로 물이 흘러 형성된 신비로운 지형의 계곡이다. 주차장에서 15분 정도 걸린다.

더 캐즘

관광을 마치고 80여 km를 이동하여 어제 저녁에 숙박하였던 Fiordland National Park Lodge에 도착하여 휴식을 취하였다. 정말 맑고 아름다운 자연 속에서 시간을 보낸 하루였다.

더 캐즘

DAY
45 | **인버카길 & 블러프** Invercargill & Bluff
2019. 4. 24. 수

🚗 관광지별 이동거리

Fiordland National Park Lodge(183.0km) ➡ 와흐너 플레이스(0.4km)
➡ 켈틱 마오리 벽(1.4km) ➡ 인버카길 세노테프(3.1km)
➡ 교통 박물관(2.1km) ➡ 수도 탑(0.4km) ➡ 퀸스 파크(0.8km)
➡ Colonial Motel

계 191.2km

📖 여행기

　오늘은 인버카길 & 블러프로 이동하여 인버카길의 야외 공연장이 있는 와치너 플레이스와 마오리족의 문화를 상징하는 켈틱 마오리 벽, 제2차 세계대전 종전 50주년 기념탑인 인버카길 세노테프, 대규모 자동차 전시장인 교통 박물관, 이슬람 모스크를 연상시키는 수도 탑을 관광하고 넓게 펼쳐진 퀸스 파크를 산책하는 일정이다.

　아침에 일어나 롯지 앞에 있는 호수를 바라보니 물안개가 피어올라 너무나 아름답다. 맑고 상쾌한 아침이다.

물안개 핀 호수

오전 9시 롯지를 출발하여 인버카길 & 블러프(Invercargill & Bluff)를 향하여 달린다. 94번 테 아나우 모스번 하이웨이(Te Anau Mossburn Hwy)와 6번 윈톤 로느빌 하이웨이(Winton Lorneville Hwy)를 달려 183km 이동한다.

인버카길 & 블러프(Invercargill & Bluff)는 뉴질랜드 가장 남쪽에 있는 세계 최남단의 도시로 스코틀랜드 이주민들이 개척한 곳이다.

오전 11시 반경 인버카길 인포메이션 센터(Invercargill Visitor Information Centre)에 도착하였다. 바로 옆에 와흐너 플레이스가 있다.

와흐너 플레이스(Wachner Place)는 시민들의 야외 활동과 공연을 위해 1980년대에 조성된 광장이다.

광장 중앙에 시계탑이 있고 주변에 마오리 전설에 등장하는 고래와 물고기 등을 형상화한 조각상이 세워져 있다.

와흐너 플레이스

광장에서 400m 정도 떨어진 곳에 있는 켈틱 마오리 벽(Celtic Maori Wall)을 구경하였다. 대리석의 육중한 문처럼 보이는데 의미심장한 기호와 그림들이 새겨져 있다. 이것은 켄트족에 뿌리를 두고 있는 유럽 이주민과 마오리족의 문화를 상징한다고 한다.

켈틱 마오리 벽

켈틱 마오리 벽 앞 사거리에는 1900~1902년 발생한 보어 전쟁(Boer War) 기념탑이 세워져 있다.

보어 전쟁기념탑

기념탑 주변으로는 상가가 형성되어 있어 무척 번화한 거리다.

사거리 주변의 상가지역

점심식사 후 인버카길 세노테프(Invercargill Cenotaph)를 관광하였다. 1995년 5월 9일 제2차 세계대전(1939~1945) 종전 50주년을 기념하여 세운 기념탑인데 한국전쟁에 대한 내용과 전사자들의 명단이 적혀 있다.

인버카길 세노테프

기념탑을 둘러보고 3km 정도 떨어져 있는 교통 박물관(Transport World)으로 이동하였다.

교통 박물관은 운송회사 Southern Transport의 창업주인 빌 리처드슨(Bill Richardson)이 1960년대부터 현재까지 수집한 자동차와 모터바이크, 중장비까지 전시하고 있는 대규모 자동차 박물관이다.

교통 박물관

진귀한 모습의 승용차와 트럭, 트랙터 등 다양한 자동차가 전시되어 있다. 자동차 역사의 어제와 오늘을 볼 수 있는 아주 실감나는 관광이다.

전시된 자동차

교통 박물관을 관광하고 수도 탑을 관광하였다. 내부는 공개하지 않는다.

수도 탑(Invercargill Water Tower)은 높이 42.5m로 1889년 엔지니어 **윌리엄 샤프**에 의하여 완공되었다고 하며 이슬람 모스크를 연상시키는 붉은 벽돌 구조물로 되어 있다.

수도탑

수도 탑을 둘러보고 부근에 있는 퀸스 파크(Queens Park)로 이동하였다.

퀸스 파크는 1869년 조성된 80ha에 달하는 넓은 공원으로 장미공원, 작은 호수, 조각 공원, 일본 정원, 미니 동물원 등이 있다.

퀸스 파크 옆에 사우스랜드 박물관(Southland Museum) 건물이 보인다. 사우스랜드 박물관은 포경 기지가 있던 인버카길의 해양 문화와 항해의 역사를 전시하는 박물관으로 흰색 피라미드 모양의 2층 건물인데 지금은 폐쇄되었다.

사우스랜드 박물관

퀸스 파크(Queens Park)를 산책하였다.

퀸스 파크

공원 정문으로 들어가니 넓게 만들어진 산책로가 길게 이어지고 산책로 주변에는 울창하게 우거진 나무 아래에 단풍잎이 수북이 깔려 있어 뉴질랜드 가을의 정취가 느껴진다.

산책로

푸른 잔디밭이 넓게 펼쳐진다. 개 한 마리를 데리고 두 사람이 산책을 한다.

푸른 잔디밭

분수대도 나오고 나무 우거진 숲속 길도 나온다.

분수대

느긋하게 공원을 한 바퀴 산책하며 가을의 정취를 느껴 보았다.

DAY 46 | 인버카길 & 블러프 Invercargill & Bluff
2019. 4. 25. 목

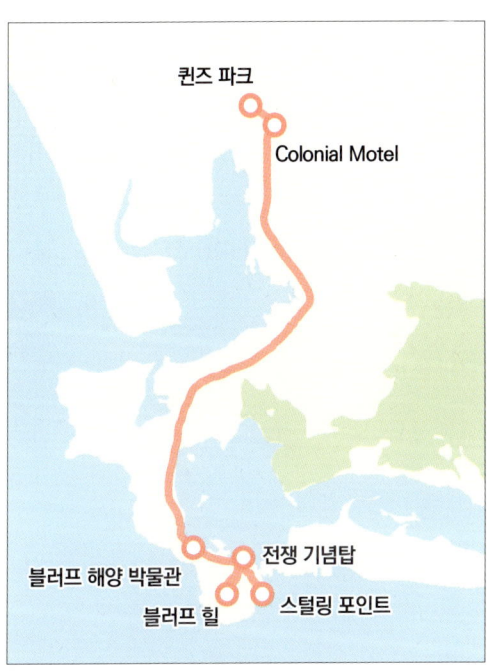

 관광지별 이동거리

Colonial Motel(30.3km) ➡ 블러프 힐(3.1km) ➡ 전쟁기념탑(1.5km) ➡ 스털링 포인트(3.4km) ➡ 블러프 해양 박물관(28.0km) ➡ 퀸즈 파크(0.1km) ➡ Colonial Motel

계 63.4km

📔 여행기

  오늘은 블러프 힐에 올라 시원스럽게 펼쳐진 바다를 조망하고, 전쟁에서 희생된 블러프 출신 군인들을 추모하는 전쟁기념탑과 뉴질랜드 최남단의 도시 스털링 포인트를 관람하고 블러프 해양 박물관을 방문하는 일정이다.

  오전 8시 반 모텔을 출발하여 블러프 힐(Bluff Hill)로 향하였다. 블러프 힐은 블러프 마을 뒤편에 있는 나지막한 언덕이다. 주차장에 도착하니 블러프 힐 정상이 올려다보인다.

블러프 힐 정상

나선형으로 만들어 놓은 길을 따라 올라가니 블러프 힐 정상이 나온다. 정상 한가운데에 측지측량 마크가 세워져 있고 나선형의 정상 테두리에는 각 방향에 있는 지명이 표시되어 있다.

지명이 표시된 정상 테두리

정상에서 내려다보이는 바다는 안개가 자욱하여 흐릿하다. 날씨가 맑을 때는 이곳에서 스튜어트 아일랜드까지 바라보인다고 한다.

안개 자욱한 바다

블러프 힐에서 내려가 스털링 포인트를 향하여 3km 정도 진행하니 도로가에 전쟁기념탑이 있다.

전쟁기념탑(War Memorial)은 전쟁에 나갔다가 목숨을 잃은 블러프 출신 군인들을 기억하는 기념탑이다.

블러프에서 나는 화강암으로 만든 기념탑의 북쪽 면에 제2차 세계대전과 한국전 전사자들의 명단, 남쪽 면에 제1차 세계대전 전사자의 명단이 적혀 있다.

전쟁기념탑을 둘러보고 오전 10시경 스털링 포인트(Stirling Point)에 도착하였다.

스털링 포인트

스털링 포인트는 뉴질랜드 최남단의 도시로 이곳에서 시작된 1번 국도는 쿡 해협을 지나 북 섬의 최북단까지 연결된다.

파도가 거세게 일고 있는 바닷가에 12개 도시의 방향을 가리키는 이정표가 세워져 있다.

쇠사슬 모양의 조형물 아래로 바닷가로 나가는 산책로가 만들어져 있다. 넓게 펼쳐진 바다와 어우러진 풍경이 아름답다.

이정표

산책로

등대 하나가 넓은 바다를 향하여 외로이 서 있다.

등대

스털링 포인트를 구경하고 들어갔던 길을 3km 정도 되돌아 나가 블러프 해양 박물관(Bluff Maritime Museum)에 도착하였다.

블러프 해양 박물관

한때 포경업으로 활기 넘쳤던 블러프의 옛날을 보여 주는 박물관으로 입구에는 1909년에 건조된 오이스터 보트(Oyster Boat) "모니카(Monica) II"가 전시되어 있다. 오늘은 "안작 데이(Anzac Day)"라 문을 열지 않는다.

모니카(Monica) II

안작 데이(Anzac Day)는 제1차 세계대전의 갈리폴리 전투에서 용감하게 싸운 오스트레일리아, 뉴질랜드 군단의 군인들과 당시 나라를 위해 힘쓴 사람들을 추모하는 날로 **우리나라의 현충일**과 같은 날이다. 안작 데이에는 식당과 대형 마트 등 상가가 오후 1시까지 문을 열지 않는다.

오후에는 어제 갔던 퀸즈 가든을 산책하였다. 식물원 한편에 안작 데이를 기념하기 위하여 만들어 놓은 꽃 무더기가 눈길을 끈다.

안작 데이를 기념하는 꽃 무더기

저녁식사를 하고 "Maori TV" 프로그램을 시청하였다. 안작 데이 기념 공연을 무척 성대하게 펼치는데 우리나라의 무대도 이어진다. 우리나라 무용수의 아름다운 자태와 북과 치타 부대의 공연이 무대를 압도한다.

뉴질랜드는 우리나라 6·25전쟁에 참전하여 45명이 순직한 참전국으로 전쟁기념비에는 모두 한국에 대한 내용이 기록되어 있어 세계 속의 한국을 깊이 느끼게 한다.

DAY 47 | 더니든 Dunedin
2019. 4. 26. 금

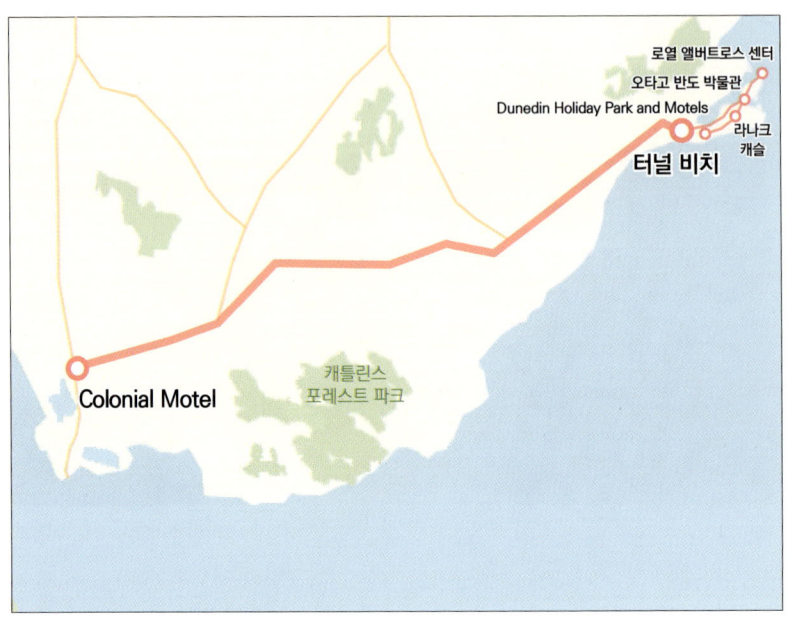

🚗 관광지별 이동거리

Colonial Motel(202.0km) ➡ 터널 비치(35.0km)
➡ 로열 앨버트로스 센터(11.4km) ➡ 오타고 반도 박물관(8.3km)
➡ 라나크 캐슬(12.3km) ➡ Dunedin Holiday Park and Motels

계 269.0km

여행기

오늘은 더니든으로 이동하여 기암절벽으로 이루어진 터널 비치를 감상하고, 로열 앨버트로스 센터에서 신천옹을 구경한 후 오타고 반도 박물관과 아름다운 고성 라나크 캐슬을 관광하는 일정이다.

오전 8시 반경 Colonial Motel을 출발하여 더니든을 향하였다. 더니든(Dunedin)까지는 1번 도로 밀턴 하이웨이(Milton Hwy)를 달려 202km의 거리다.

더니든은 남 섬에서 크라이스트처치 다음으로 큰 도시로 이민 초기 스코틀랜드에서 이주해 온 사람들이 스코틀랜드풍 도시를 건설하여 스코틀랜드풍의 중후한 석조건물과 지명 등으로 스코틀랜드 밖에서 가장 스코틀랜드다운 곳이다. 뉴질랜드 최초의 대학교로 의학 분야의 최고 명문으로 알려진 오타고 대학교(University of Otago)가 있으며 **유학생이 전체 인구의 20%**를 넘는다.

오전 11시경 남 섬 최남단의 도시 더니든에 있는 터널 비치(Tunnel Beach)에 도착하였다. 해안가로 내려가는 산책로의 경사가 무척 심하다.

터널 비치로 내려가는 산책로

길게 이어진 산책로를 따라 해안가로 내려가니 기암절벽이 감탄스럽게 펼쳐진다. 태평양의 황량한 파도가 몰아치는 거친 바닷가에 넓게 튀어나온 커다란 바위가 신비스럽다.

기암절벽

오랜 세월을 풍랑에 씻겨 바위 가운데에 커다란 터널이 만들어져 있고 푸른 바닷물이 넘실거린다.

터널이 뚫린 기암괴석

거센 파도가 몰려와 바위와 부딪치고 하얗게 부서진다.

거센 파도

해안가로 내려가는 좁은 터널이 보인다. 한 사람이 겨우 지나갈 정도로 좁은 계단이 길게 이어진다. 이 터널을 통하여 해안으로 내려가게 되어 터널 비치라고 하는가 보다.

해안가로 내려가는 터널

좁은 계단을 따라 내려가니 조그만 모래사장이 있고 커다란 바위에 거세게 몰아치는 파도의 모습이 장관이다. 시원한 바닷가의 풍광이다.

거대한 산같이 보이는 암석

터널 비치 관광을 마치고 로열 앨버트로스 센터(Royal Albatross Centre)로 향하였다. 해안가로 이어진 하링톤 포인트 로드(Harington Point Rd)를 따라 35km 정도 떨어져 있는 옥타고 반도의 끝에 있다. 해안가로 이어진 도로가 운전에 조심스럽기는 하나 풍광이 무척 뛰어나 드라이브를 하는 재미가 있다.

로열 앨버트로스 센터는 양쪽 날개를 펴면 길이가 3.5m나 되어 현존하는 비행이 가능한 조류 중에서는 가장 크다고 하는 새의 서식지로 신천옹(信天翁)이라고도 부른다.

로열 앨버트로스센터에 도착하니 바람이 무척 심하다. 차량의 문을 열기조차 힘들 정도다. 해안가로 나가보니 바람이 더욱 심하여 서 있기가 어려울 정도로 바람이 휘몰아친다.

로열 앨버트로스 센터

로열 앨버트로스 센터 안에 들어가 신천옹에 대한 자료를 살펴보았다. 언덕 위에는 신천옹의 둥지 등을 둘러보는 투어가 있는데 바람이 심하게 불어 관광은 엄두도 내지 못할 상황이다.

신천옹 사진

들어갔던 길을 11km 되돌아 나가니 오타고 반도 박물관(Otago Peninsular Museum)이 나온다. 오타고 반도의 역사를 보여 주는 작고 오래된 박물관으로 하링톤 포인트 로드(Harington Point Rd)에 있는데 일요일 오후 1시 30분부터 4시 30분까지만 개장한다고 한다.

오타고 반도 박물관

오후 4시경 라나크 캐슬(Larnach Castle)에 도착하였다. 은행가로 성공한 윌리엄 라나크(Willam Larnarch)가 언덕 위에 지은 3층으로 이루어진 성이다.

라나크 캐슬

넓은 정원은 꽃과 나무로 조경이 잘되어 무척 아름답다.

정원

성안에는 방마다 그 당시의 생활도구와 성에 관한 자료가 전시되어 있다.

전시되어 있는 생활도구

빙글빙글 돌면서 올라가게 되어 있는 계단의 곡선이 아주 부드럽게 이어진다.

아름다운 계단

옥탑방을 통해 1,000피트 높이의 성 꼭대기에 있는 전망대에 올라갔다. 좌우로 시원한 바다가 펼쳐지고 오타고 반도의 모습이 한눈에 내려다보인다. 넓은 정원에는 꽃과 나무를 잘 가꾸어 놓아 정말 아름답다.

전망대에서 내려다본 정원

라나크 캐슬 관광을 마치고 시내로 들어가 서울 식당에서 한식으로 저녁식사를 하였다. 며칠 동안 시골의 조그만 마을을 돌아다니다가 오랜만에 큰 도시에 나온 기분이다.

DAY 48 | 더니든 Dunedin
2019. 4. 27. 토

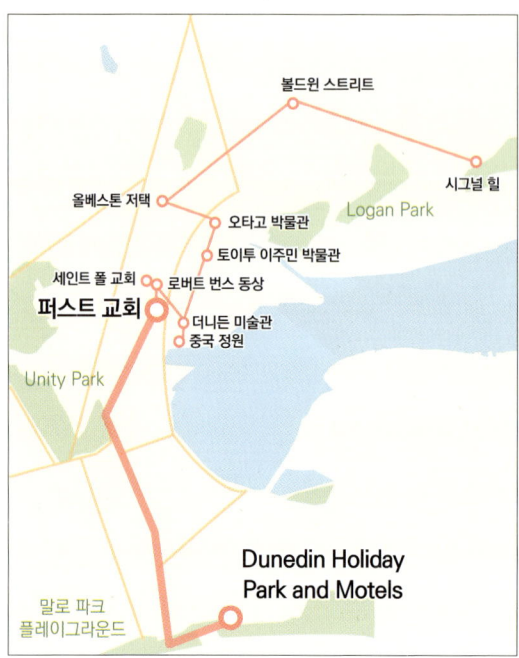

🚗 관광지별 이동거리

Dunedin Holiday Park and Motels(4.3km) ➡ 퍼스트 교회(0.3km)

➡ 로버트 번스 동상(0.4km) ➡ 세인트 폴 교회(0.3km)

➡ 더니든 미술관(0.9km) ➡ 중국 정원(1.0km)

➡ 토이투 이주민 박물관(2.6km) ➡ 오타고 박물관(1.4km)

➡ 올베스톤 저택(0.5km) ➡ 볼드윈 스트리트(0.5km) ➡ 시그널 힐(10.7km)

➡ Dunedin Holiday Park and Motels

계 22.9km

📖 여행기

 오늘은 더니든 시내의 관광지를 둘러본다. 더니든 최초의 교회인 퍼스트 교회, 스코틀랜드의 민족시인 로버트 번스의 동상, 뾰족한 지붕의 세인트 폴 교회, 모네와 피사로 등의 작품이 전시되어 있는 더니든 미술관, 중국 상하이 자매결연 기념으로 조성한 중국 정원, 이민의 역사를 보여주는 다양한 자료가 전시되어 있는 토이투 이주민 박물관, 뉴질랜드 남부의 마오리 문화를 전시하고 있는 오타고 박물관, 세계에서 가장 경사가 심한 도로로 기네스북에 올라 있는 볼드윈 스트리트, 뉴질랜드 건국 100주년을 기념하여 조성한 시그널 힐을 관광하는 일정이다.

 아침에 일어나니 비가 내린다. 오전 8시 반에 숙소를 출발하여 퍼스트 교회(First Church)에 도착하였다.

퍼스트 교회

 퍼스트 교회는 시내 중심부에 있는 옥타곤의 큰 팔각형 외곽에 있는 더니든 최초의 교회로, 1848년 스코틀랜드에서 이주해 온 초기 이민자들이 세웠다.

 높이 56m에 이르는 뾰족한 지붕이 인상적이다. 교회 안에는 전면에 커다란 파이프오르간이 자리 잡고 있고 아름다운 스테인드글라스가 장식되어 있다.

퍼스트 교회를 둘러보고 10여 분 걸어서 옥타곤으로 이동하였다.

옥타곤(Octagon)은 팔각형 두 개가 안팎으로 연결된 더니든의 심장과도 같은 곳으로 옥타곤을 둘러싸고 있는 시청 빌딩 1층에 관광안내소가 있다.

세인트 폴 교회(St. Paul's Cathedral) 앞에 로버트 번스의 동상이 세워져 있다. 더니든의 안내 자료에 등장하는 스코틀랜드의 민족시인 로버트 번스(Robert Burns)다.

세인트 폴 교회와 로버트 번스의 동상

로버트 번스의 동상(Robert Burns Statue)을 둘러싼 보드블록에 청동으로 만든 22개의 명판이 새겨져 있다. 더니든과 관련이 있는 세계적인 문인들의 명판으로 "유네스코 문학도시(UNSCO Creative City of Literature)" 상을 수상한 너니든 시의 자부심을 느끼게 하는 곳이다. 이 슬비가 내리는데도 제법 많은 관광객들이 몰려든다.

청동으로 만든 명판

로버트 번스의 동상 바로 뒤에 있는 세인트 폴 교회(St. Paul's Cathedral)는 1915년부터 1919년에 걸쳐 건설된 성공회 성당으로 뾰족한 지붕의 외관이 아주 독특하다. 성당 내부에는 스테인드글라스가 아름답게 장식되어 있고 제대 옆에는 거대한 파이프오르간이 있다.

로버트 번스 동상 조금 아래에는 더니든 미술관(Dunedin Public Art Gallery)이 있다. 모네(Claude Monet, 1840~1926), 피사로(Lucien Pissarro, 1863~1944) 등 유명 작가의 작품과 유럽과 뉴질랜드 전역의 컬렉션이 전시되어 있다. 입장료가 없는 미술관인데도 전시 내용은 상당히 충실하다.

더니든 미술관

모네 작품

피사로 작품

더니든 미술관 관람을 마치고 오전 11시 반경 중국 정원(Chinese Garden)에 도착하였다.

중국 정원은 2008년 중국 상하이와 더니든의 자매결연을 기념하여 상하이에 있는 "The Yu Yuan Garden"을 본 따 만든 정원이다.

정문을 지나니 연못이 나오는데 연못 주위로 정자와 조각품을 정교하게 조화시켜 놓아 참으로 아름답다.

중국 정원

중국 정원과 붙어 있는 토이투 이주민 박물관(Toitu Settlers Museum)을 관광하였다. 하늘로 높이 솟은 건물의 외관이 멋지다.

토이투 이주민 박물관

박물관에는 19세기 중반부터 현대에 이르기까지 이민의 역사를 보여주는 다양한 자료가 전시되어 있다.

그 당시의 가옥

오후에는 오타고 박물관(Otago Museum)을 관광하였다. 박물관 앞에 있는 넓은 잔디 정원에는 통신 원리를 설명하는 커다란 집성기 두 개가 놓여 있다. 집성기 한쪽에서 말을 하면 제법 멀리 떨어져 있는 다른 한편에 있는 집성기에서 말이 크게 들린다.

오타고 박물관

박물관 안에는 뉴질랜드 남부의 마오리 문화를 전시하는 마오리관과 뉴질랜드 동식물의 생태를 알 수 있는 생태관으로 구성되어 있으며 프리즘, TV 모니터 방식의 현미경 등을 실제로 만지고 사용해 볼 수 있는 Planetarium Show를 하는 공간 외에는 무료인데 전시내용은 부적 다양하고 충실하다.

생활도구

오타고 박물관을 관광하고 나서 1km 정도 떨어져 있는 올베스톤 저택(Olveston)을 구경하였다.

올베스톤 저택은 무역상으로 성공한 **데이비드 테오민**(David Theomin)이 지은 것으로 35개의 방으로 되어 있다. 방에는 호화로운 가구와 도기, 회화, 무기 등 각국에서 수집한 소장품들이 진열되어 있으며 하루 4회 운영하는 투어를 예약해야 볼 수 있다.

정원이 무척 아름답고 온실에도 많은 꽃들이 피어 아름답다. 경사진 정원에서 도심 건너 펼쳐지는 오타고만의 풍경이 아름답다고 하는데 비가 내려 아쉽다.

온실

올베스톤 저택을 둘러보고 볼드윈 스트리트(Baldwin Street)를 구경하였다. 세계에서 가장 경사가 심한 도로로 기네스북에 올라 있는 곳이다. 도로 한편에 계단이 있어 걸어서 올라갈 수 있다. 자동차로 올라갈 엄두가 나지 않아 경사 언덕 아래에 주차를 하고 계단을 걸어서 올라갔다. 밑에서 보기에도 경사가 무척 심하게 보이는데 막상 걸어서 올라가 보니 경사의 심한 정도가 확실히 느껴진다.

볼드윈 스트리트

젊은 사람 둘이 탄 차량이 대단한 속도로 언덕을 오른다. 젊음을 한껏 뽐내 보는 것이다. 이슬비는 계속 내리는데 정말 위험해 보인다. 도로 좌우로 집들이 이어지고 집집마다 주차장이 만들어져 있다. 스스로 스릴을 느끼며 사는 사람들 같다는 생각이 든다. 언덕길의 정상에는 마을의 모습을 그린 그림 밑에 의자가 놓여 있다. 이슬비가 계속 내린다.

언덕길의 정상

볼드윈 스트리트를 둘러보고 500m 정도 떨어져 있는 시그널 힐(Signal Hill)에 올라갔다.

시그널 힐은 해발 393m의 언덕으로 승용차가 정상까지 올라갈 수 있다. 정상에는 커다란 석조 기념비가 있고 기념비 양옆으로 남녀 조각상이 있는데 1940년 뉴질랜드 건국 100주년을 기념하여 조성한 것이다.

정상에 있는 석조 기념비 앞에는 자매 도시인 영국 스코틀랜드의 에든 버러에서 가져온 커다란 돌이 있고, 돌 위에 그 내용을 적은 명판이 새겨져 있다.

석조 기념비

비가 그쳐가며 안개가 걷히고 더니든 시내와 가늘고 긴 지형의 오타고 반도가 한눈에 내려다보인다.

안개 자욱한 더니든 시내의 모습

저녁식사를 하고 St. 요세프 대성당(St. Joseph's Cathedral)에 가서 토요특전미사를 참례하였다. 내일은 아침 시간에 타이에리 협곡 열차를 타기로 예약이 되어 있어 오늘 미사를 참례한 것이다. 하루 종일 비가 내리는데도 많은 관광지를 열심히 관광한 하루였다.

DAY
49 | **더니든** Dunedin
2019. 4. 28. 일

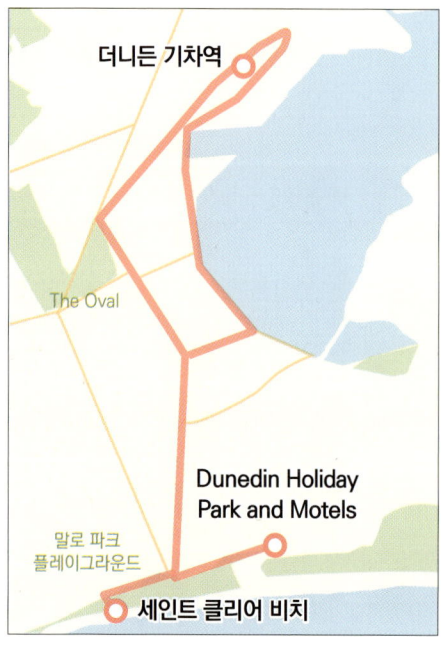

 관광지별 이동거리

Dunedin Holiday Park and Motels(5.1km) ➡ 더니든 기차역(4.8km)
➡ 세인트 클리어 비치(1.2km) ➡ Dunedin Holiday Park and Motels

계 11.1km

🎫 여행기

 오늘은 타이에리 협곡 열차로 58km 떨어진 프케랑이까지 왕복하는 기차여행을 하면서 아름다운 뉴질랜드의 자연을 즐기고, 시원한 세인트 클리어 비치를 산책하는 일정이다.

 아침부터 날씨가 흐리고 기온도 낮아 쌀쌀하다. 오늘은 타이에리 협곡 열차(Taieri Gorge Railway)를 타고 기차여행을 하는 날인데 날씨가 좋아지기를 기대하며 숙소를 출발하였다.

 숙소에서 출발하여 10분 정도 지나 더니든 기차역(Dunedin Railways)에 도착하였다. 기차역은 마치 성과 같이 웅장하게 지어져 있다.

더니든 기차역

기차역 앞에는 조그만 정원이 만들어져 있고 꽃과 나무를 잘 가꾸어 놓아 아름답다.

더니든에서 출발하는 관광열차는 종착역인 미들 마치(Middle March)까지 77km 구간은 **일요일에만 두 차례** 운행하고, 평일에는 58km 지점에 있는 해발 250m의 프케랑이까지만 운행한다. 오늘은 일요일이라 미들 마치까지 가는 관광열차를 예약하였는데 중간 지점이 공사 중이라 프케랑이까지만 운행하는 관광열차로 변경되었다.

정원

정원 사이를 오가는 보드블록에는 유명한 사건들에 대한 기록을 조각해 놓아 흥미롭다.

글이 새겨진 보도블록

더니든 기차역에서 셔틀 버스를 타고 30분을 이동하여 관광열차를 타는 곳으로 이동한다. 언덕 위에 있는 주택가의 모습이 넓게 펼쳐진다.

주택가의 모습

관광열차 출발 지점에 도착하였다. 시내에서 벗어난 한적한 곳이다. 정장을 차려입고 꽃바구니를 든 우아한 모습의 관광객이 눈길을 끈다. 고교 동창끼리 젊었던 시절을 생각하며 그때의 복장을 갖추고 일 년에 한 번씩 여행을 하는 모임이라고 한다. 낭만을 느끼며 살아가는 사람들이다.

고교 동창 모임의 관광객

관광열차에 셔틀버스를 타고 온 관광객이 모두 탔다. 관광열차는 오래된 구형 열차인데 기적을 한 번 길게 울리고 출발한다.

관광열차

관광열차는 깊은 계곡과 바위산 사이로 이어진 기찻길을 한가롭게 달린다. 차창 밖으로 펼쳐지는 풍경이 여유가 있어서 좋다.

바위산

계곡 사이를 달리는 관광열차

오전 11시 50분경 관광열차가 프케랑이에 도착하였다. 민가도 전혀 없는 깊은 산골에 조그만 역사가 하나 지어져 있을 뿐이다.

프케랑이

관광열차는 프케랑이에서 10분을 정차하고 다시 되돌아 나간다. 바위산과 맑은 물이 흐르는 계곡을 즐기는 한가로운 여행길이다. 오후 2시경 더니든 기차역에 돌아와서 한가로운 기차여행을 마쳤다.

관광열차 여행을 마치고 세인트 클리어 비치(St. Clair Beach)를 구경하였다. 이곳은 시내 남쪽 끝 태평양과 마주하고 있는 해안이다. 해안가에 각 도시까지의 거리가 표시된 방향표지판이 세워져 있다.

방향표지판

바람이 많이 불지 않는 날씨인데도 파도가 무척 높게 일어 파도타기를 즐기는 사람들이 무척 많다. 바람도 잔잔하고 햇살이 반짝 비치니 산책하기에 적당한 날씨다. 고운 모래가 깔린 해안을 한가로이 산책하였다.

파도타기를 즐기는 사람들

DAY
50 | **푸카키** Pukaki
2019. 4. 29. 월

 **관광지별 이동거리**

Dunedin Holiday Park and Motels(279.0km) ➡ 푸카키 호수(8.0km) ➡ 알파인 라벤더 농장(17.0km) ➡ Colonial Motel Twizel

계 304.0km

여행기

오늘은 279km 떨어진 푸키키로 이동하여 푸카키 호수와 알파인 라벤더 농장을 둘러보는 일정이다.

아침부터 비가 내린다. 오늘은 푸카키까지 먼 거리를 이동해야 하는데 비가 오니 걱정스럽다.

오전 8시 반에 숙소를 출발하였다. 아침 출근 시간이라 시내에 차량들이 많다. 시내를 벗어나니 한가한 도로가 이어지는데 비는 계속 내린다.

해안을 따라 이어지는 1번 도로 햄든 팜머스턴 로드(Hampden Palmerston Rd)를 124km 정도 달리니 푸케우리(Pukeuri)가 나온다. 여기서 83번 도로 오테마타타 쿠로우 로드(Otematata Kurow Rd)로 바꿔 타고 달린다.

오후 2시 반경 푸카키 호수(Lake Pukaki)에 도착하였다. 고요한 호수 뒤로 병풍처럼 펼쳐지는 눈 덮인 마운트 쿡이 황홀하게 다가온다.

푸카키 호수

조그만 관광안내소가 있고 그 옆에 양의 동상이 호수를 향하여 서 있다.

관광안내소

양의 동상

비가 오고 있어 호수의 빛깔이 조금 흐릿하기는 하여도 에메랄드빛 호수가 넓게 펼쳐져 있어 아름답다. 이슬비가 계속 내리는데도 관광객들이 제법 많다.

푸카키 호수를 둘러보고 8km 정도 떨어져 있는 알파인 라벤더 (Alpine Lavender) 농장에 가 보았다.

알파인 라벤더 농장은 푸카키와 마운트 쿡 사이의 해발 600m에 있는 농장으로 꽃이 필 때에는 보랏빛의 라벤다 물결이 너무나 아름답다고 한다.

지금은 꽃이 지고 없는 계절이라 농장 입구에서 눈 덮인 마운트 쿡을 감상하는 것으로 만족해야 했다.

알파인 라벤더 농장

농장 앞 간판에 있는 라벤더의 사진이 실제 농장의 모습을 보는 것 같다.

라벤더 농장 사진

라벤더 농장을 둘러보고 트위즐에 있는 콜로니얼 모텔 트위즐(Colonial Motel Twizel)에 도착하여 휴식을 하였다.

DAY 51

마운트 쿡 국립공원 Mount Cook National Park, 테카포 Tekapo

2019. 4. 30. 화

 관광지별 이동거리

Colonial Motel Twizel(65.7km) ➡ Aoraki Mount Cook Village(4.1km)
➡ White Horse Hill Campgound(10.3km)
➡ Tasman Glacier 주차장(109.9km) ➡ 착한 양치기의 교회(4.0km)
➡ 테카포 스프링스(3.0km) ➡ Mantra Lake Tekapo

계 197.0km

📖 여행기

　오늘은 마운트 쿡 국립공원에서 후커 밸리 트랙과 블루 호수 & 타스만 빙하 트랙을 산책하고, 테카포로 이동하여 세계에서 가장 작고 가장 아름다운 착한 양치기의 교회와 바운더리 개 동상을 관광한 후 테카포 스프링스에서 온천욕을 하는 일정이다.

　아침에 일어나니 구름 한 점 없는 청명한 날씨라 기분이 상쾌하다. 오전 8시 숙소를 출발하여 마운트 쿡 국립공원의 Aoraki Mount Cook Village로 향하였다. 푸카키 호수를 따라 이어지는 80번 도로 마운트 쿡 로드(Mount Cook Rd) 앞에 흰 눈이 덮인 산이 아름답게 보인다.

푸카키 호수와 어울린 아름다운 산

마운트 쿡 국립공원(Mount Cook National Park)은 뉴질랜드에서 가장 높은 마운트 쿡(해발 3,754m)을 둘러싸고 있는 700km²의 드넓은 공원으로 1986년 세계자연유산으로 지정된 곳이다.

마운트 쿡에 가까워지니 하얀 눈으로 뒤덮인 산봉우리들이 황홀하게 다가선다. 너무나 아름다운 광경에 차를 멈추고 사진을 찍는다.

아름답게 솟아 있는 산

빙하와 어우러진 산

뉴질랜드 일주
NEW ZEALAND

오전 9시경 아오라키 마운트 쿡 빌리지(Aoraki Mount Cook Village)에 도착하였다. 이곳은 마운트 쿡 기슭에 있는 유일한 마을로 관광객들을 위한 베이스캠프 같은 곳이다.

관광안내소에는 마운트 쿡의 자연과 지질, 동식물에 대한 자료가 벽면에 가득 전시되어 있다. 지하 1층으로 내려가는 계단에서 바라보는 창밖 풍경이 무척 아름답다.

계단에서 보이는 풍광

관광안내소에서 4km 정도 떨어져 있는 White Horse Hill Campgound 주차장으로 이동하여 후커 밸리 트랙(Hooker Valley Track)을 산책하였다.

산길로 접어들어 10여 분 진행하니 추모탑이 세워져 있다. 1982년 12월 4일 사망한 산악인 모리스 안토니 한센(Maurice Anthony Hansen)의 추모탑이다. 추모탑의 둘레에는 마운트 쿡을 등반한 등반가들에 대한 자료가 적혀 있다.

추모탑

추모탑을 출발하여 30여 분 거리에 있는 제1흔들다리에 도착하였는데 산책로가 폐쇄되었다. 제2흔들다리가 얼마 전에 일어난 홍수로 파손되어 산책로를 폐쇄하였다고 안내문이 붙어 있다.

제1흔들다리

제1흔들다리 앞에 있는 언덕에 올라가니 빙하 녹은 물이 만들어 놓은 조그만 호수가 보인다. 호수와 어울린 주변 산봉우리들이 그림처럼 아름답다.

호수와 어울린 산봉우리

주차장으로 내려가 Kea Point Track을 산책하였다. 자갈밭 사이로 이어진 산책로를 따라 올라가니 빙하 녹은 물이 만들어 놓은 호수의 상류다. 마운트 쿡의 장엄한 모습과 하얀 연봉들의 모습이 황홀하게 다가온다.

마운트 쿡의 장엄한 모습

오후에는 블루 호수 & 타스만 빙하 트랙(Blue Lake & Tasmam Glacier View Walk)을 산책하였다. 타스만 밸리 로드(Tasman Valley Rd.)를 8km 정도 더 달려 도로의 종점에 위치한 Tasman Glacier 주차장에서 트랙이 시작된다.

주차장에서 조금 올라가니 블루 호수(Blue Lakes)가 나오는데 물이 말라 밑바닥에만 물이 조금 남아 있다.

블루 호수

자갈밭 사이로 이어진 산책로를 따라 전망대에 올랐다. 타스만 호수에도 물이 많지 않고 유빙만 몇 조각 떠 있다. 마운트 쿡 주변으로 병풍처럼 둘러 있는 하얀 산봉우리들이 타스만 호수와 어울려 감탄을 자아내게 한다.

타스만 호수

전망대 아래로는 광대한 허허벌판이 끝도 없이 넓게 펼쳐진다.

전망대 아래로 펼쳐진 산하의 모습

타스만 호수 산책을 마치고 테카포를 향하여 출발하였다. 아침에 올라갔던 푸카키 호수 주변으로 이어진 80번 도로 마운트 쿡 로드(Mount Cook Rd)를 되돌아 나가 푸카키 호수를 지나고 8번 테카포 트위젤 로드(Tekapo Twizel Rd)로 갈아타고 110km 정도를 달리면 테카포에 도착한다.

테카포(Tekapo)는 서던 알프스의 동쪽 고원지대 맥켄지 컨트리(Mackenzie Country)의 중심에 자리 잡은 해발 710m에 있는 작은 마을이다. 서던 알프스의 전경을 바라보기에 가장 좋은 장소이며 마을보다 훨씬 더 큰 테카포 호수는 아름다운 물빛으로 시간에 따라 변해 가는 풍경이 아름다운 곳이다.

오후 5시경 테카포에 있는 착한 양치기의 교회(Church of Good Shepherd)에 도착하였다. 이 교회는 세계에서 가장 작고 가장 아름다운 교회로 개척시대 양치기들의 노고를 위로하기 위해 1935년 완공되었다고 한다.

착한 양치기의 교회

교회 뒤편에 있는 테카포 호수와 눈 덮인 서던 알프스의 모습이 무척 아름답다. 많은 관광객이 교회 주변에서 사진 찍기에 바쁘고 뒤편으로 펼쳐진 테카포 호수와 어울린 서던 알프스의 모습을 감상하고 있다.

테카포 호수

착한 양치기의 교회 바로 옆에 바운더리 개 동상(Boundary Dog Statue)이 있다. 양몰이 개들의 헌신적인 활약을 기리기 위하여 세운 것이다.

바운더리 개 동상

바운더리 개 동상을 구경하고 테카포 스프링스(Tekapo Springs)에서 온천욕을 하였다. 노천탕에서 바라보는 테카포 호수가 아름답다. 넘어가는 석양이 하얀 산봉우리에 비쳐 자연 그대로의 아름다움이 느껴진다.

석양이 비친 산봉우리

DAY 52 | 크라이스트처치 Christchurch
2019. 5. 1. 수

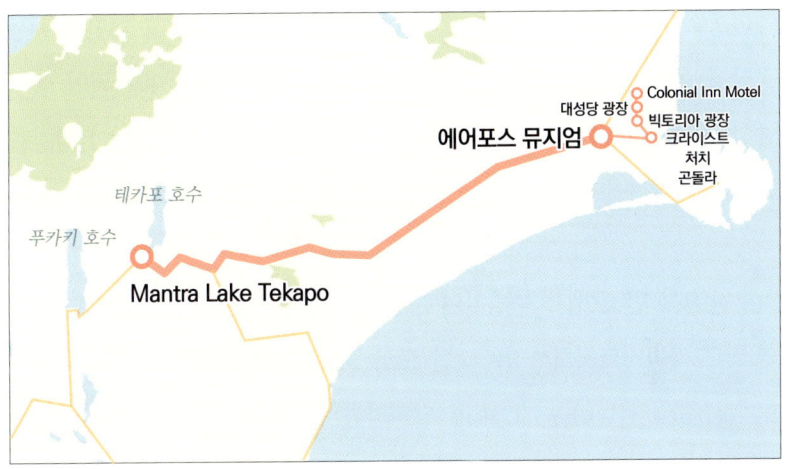

 관광지별 이동거리

Mantra Lake Tekapo(216.0km) ➡ 에어포스 뮤지엄(16.3km)
➡ 크라이스트처치 곤돌라(9.8km) ➡ 대성당 광장(0.4km)
➡ 빅토리아 광장(1.9km) ➡ Colonial Inn Motel

계 244.4km

📖 여행기

오늘은 크라이스트처치로 이동하여 뉴질랜드 공군의 위용을 보여 주는 에어포스 뮤지엄을 관광하고, 크라이스트처치 곤돌라를 타고 캐빈디시 산 정상에 올라 크라이스트처치 시내를 조망한다. 지진으로 파손되어 복구 중인 크라이스트처치 성당과 빅토리아 여왕을 기념하는 빅토리아 광장을 둘러보는 일정이다.

오전 8시 반 호텔을 출발하여 크라이스트처치(Christchurch)로 향하였다. 크라이스트처치까지는 1번 도로 오라리 란지타타 하이웨이(Orari Rangitata Hwy)를 103km 달리다가 란지타타(Rangitata) 마을에서 79번 도로 란지타나 오라리 브리지 하이웨이(Rangitata Orari Bridge Hwy)를 갈아타고 달리는 총 216km의 거리다.

호텔을 출발하여 30여 분 진행하니 안개 자욱한 테카포 호수가 신비스러운 모습으로 나타난다.

안개 낀 테카포 호수

크라이스트처치는 뉴질랜드에서 두 번째이며 남 섬에서 가장 큰 도시로 남 섬의 정치, 경제, 문화, 관광의 중심지이다. 2011년 2월 22일 리히터 6.3의 지진으로 부서진 도시가 아직 복구되지 못하고 있어 도시 전체는 어수선하고, 볼 수 있는 것보다 볼 수 없는 곳이 더 많다고 할 정도이다.

오전 11시 50분 크라이스트처치에 있는 에어포스 뮤지엄(Air Force Museum)에 도착하였다.

에어포스 뮤지엄

에어포스 뮤지엄은 뉴질랜드 공군의 위용을 보여 주는 곳으로 1923년 설립되었다. 건물 안에 28대의 전투기, 헬리콥터 등이 전시되어 있고 제1·2차 세계대전 때 각국 공군의 활약상을 보여 주는 자료도 많이 전시하고 있다.

박물관 안에 전투기, 헬리콥터 등 여러 종류의 비행기들이 전시되어 있다.

전시된 비행기

에어포스 뮤지엄을 관광하고 크라이스트처치 곤돌라를 타러 갔다. 곤돌라 탑승장에는 관광객이 별로 없어 한가하다.

크라이스트처치 곤돌라(Christchurch Gondola)는 캐빈디시 산(Mt. Cavendish)과 플레즌트 산(Mount Pleasant)의 해발 400m 정상에 만들어져 있다.

크라이스트처치 곤돌라 탑승장

곤돌라를 타고 정상으로 올라갔다. 크라이스트처치 시내와 푸른 파도가 일렁이는 리틀턴(Lyttelton) 항구가 눈앞으로 다가오고 멀리 서던 알프스의 연봉까지 파노라마처럼 펼쳐진다.

크라이스트처치 시내의 모습

리틀턴 항구

캔터베리 초기 개척자들의 모습을 전시하는 "헤리티지 타임터널(Heritage Time Tunnel)"은 옛날의 모습과 이야기 줄거리를 보여 주어 또 다른 의미를 느낄 수 있다.

개척자들의 생활 모습

오후 4시경 대성당 광장(Cathedral Square)에 도착하였다.

대성당 광장은 성공회 성당인 크라이스트처치 성당이 있는 곳으로 크라이스트처치의 중심이었으나 대성당(The Cathedral)은 지진으로 파괴되어 복구가 안 된 상태다. 1860년부터 44년 만에 완공된 성당은 첨탑 높이 63m이며 134개의 계단을 오르면 전망을 할 수 있는 첨탑 꼭대기가 나온다.

대성당은 붕괴 위험 때문에 내부로 들어갈 수 없다. 광장에는 기념품 노점상만 몇 군데 있고 관광객은 별로 보이지 않는다.

대성당

500m 정도 떨어져 있는 빅토리아 광장(Victoria Square)을 둘러보았다. 에어번 강을 따라 도심 북쪽에 있는 빅토리아 여왕을 기념하는 광장으로 빅토리아 여왕의 동상이 있고 커다란 분수대에서는 지금도 분수가 물을 뿜고 있다.

빅토리아 여왕의 동상

빅토리아 여왕의 동상 뒤편에 세계 최초로 뉴질랜드를 탐험한 제임스 쿡 선장의 동상이 세워져 있다. 빅토리아 광장과 대성당 광장 사이에는 커다란 건물을 신축하고 있어 어수선하고 관광객들이 별로 없어 주변이 한산한 모습이다.

제임스 쿡 선장의 동상

DAY 53 | 크라이스트처치 Christchurch
2019. 5. 2. 목

🚗 관광지별 이동거리

Colonial Inn Motel(2.3km) ➡ 기억의 다리(0.9km) ➡ 아트 센터(1.1km) ➡ 보타닉 가든(0.8km) ➡ 캔터베리 박물관(0.9km) ➡ 퀘이크 시티(0.3km) ➡ 크라이스트처치 아트 갤러리(9.8km) ➡ 국제 남극 센터(2.0km) ➡ Airport Gateway Motor Lodge

계 18.1km

📓 여행기

 오늘은 에어번(Avon) 강에서 가장 아름다운 다리인 "기억의 다리"를 구경하고, 뉴질랜드 최대 규모의 식물원이 있는 보타닉 가든을 둘러본다. 캔터베리 박물관, 퀘이크 시티, 크라이스트처치 아트 갤러리를 관람하고, 남극에 관한 모든 것을 체험할 수 있는 국제 남극 센터에서 남극을 직접 체험하는 일정이다.

 오전 8시 반 모텔을 출발하여 10여 분 거리에 있는 기억의 다리(Bridge of Remembrance)에 도착하였다.

 기억의 다리는 에어번(Avon) 강을 가로지르는 38개의 다리 가운데 하나로 제1차 세계대전에 참전하기 위하여 전장으로 떠나는 군인들이 이 다리를 지났다고 하여 1923년 이 다리 위에 아치형 문을 만들어 그들을 기억하고 있다고 한다.
 기억의 다리는 뉴질랜드 크라이스트처치에 있는 두 개의 주요 전쟁기념관 중 하나로 두 차례의 세계 대전과 보르네오, 한국, 말라야, 베트남의 후속 분쟁에 참전한 사람들을 위한 **기념관 역할**을 한다.

개선문처럼 아치형으로 만들어진 문이 웅장하다. 문의 기둥 아랫부분에 한국에 대한 기록도 적혀 있다.

기억의 다리

문 안으로는 철로가 놓여 있고 철로 양쪽으로 상가가 형성되어 있다. 아직 이른 아침이라 상가가 문을 열지 않아 한가한 모습이다.

기억의 다리를 둘러보고 아트 센터(The Art Centre)로 이동하였다. 캔터베리 박물관과 보타닉 가든 맞은편에 있는 아름다운 고딕 건물인데 지진으로 부서져 지금 복구공사 중이다.

아트 센터

아트 센터 맞은편에 보타닉 가든이 있다. 보타닉 가든 입구에 지진으로 희생된 사람들을 추모하는 꽃다발이 많이 놓여 있다.

지진 희생자 추모 꽃다발

보타닉 가든(Botanic Gardens)은 도심의 절반 이상을 차지하고 있는 거대한 해글리 공원(Hagley Park)의 약 20%의 면적에 해당하는 뉴질랜드 최대 규모의 식물원이다.

공원 입구에 다양한 장식과 새를 조각해 놓은 탑 모양의 분수대가 아름답다.

분수대

공원에는 크게 잘 자란 나무들이 우거지고 계절에 맞게 꽃을 가꾸어 놓아 시민들이 즐겨 찾을 수 있는 공원이라는 느낌이 든다.

공원 안 산책로

보타닉 가든과 이웃하고 있는 캔터베리 박물관(Canterbury Museum)을 관람하였다. 건물은 지진으로 부서져 보수 중이다.

캔터베리 박물관

박물관 안에 있는 마오리 전시관은 마오리의 문화, 예술, 회화 부문에 관한 자료를 전시하고 있다.

남극 탐험관은 아문센과 스콧이 사용했던 눈썰매와 탐험도구, 지도 등을 모형과 함께 전시하고 있고, 자연 과학관은 캔터베리 지역의 초기 생활을 재현한 전시장과 지구상에서 가장 큰 새 "모아"의 화석과 표본을 전시해 놓았다. 무료입장할 수 있는 박물관이나 전시내용은 무척 충실하다.

모아

캔터베리 박물관 관람을 마치고 퀘이크 시티(Quake City)를 관람하였다.

퀘이크 시티

캔터베리 박물관에서 운영하고 있는데 지진으로 망가진 도시의 현실과 당시의 처참한 모습, 그리고 지진에 대한 경각심과 지식을 전하는 차원의 전시관이다.

지진으로 부서진 장비 전시물

전시관 입구에 있는 두 개의 시계는 두 번의 지진 피해가 일어났던 실제 시간을 가리키며 영원히 멈춰있어 당시의 기억을 새롭게 하고 있다.

지진으로 멈춰선 시계

퀘이크 시티를 관람하고 500m 정도 떨어져 있는 크라이스트처치 아트 갤러리(Christchurch Art Gallery)를 관람하였다. 지진 후 새롭게 단장한 박물관인데 건물의 외관이 무척 웅장하다. 앞에는 커다란 황소상이 세워져 있다.

크라이스트처치 아트 갤러리

유명 화가들의 그림과 조각품이 전시되어 있는데 수시로 유명한 작가의 작품전이 별도로 열린다고 한다. 다양한 머리모양을 만들어 놓은 전시실도 있다.

머리모양 전시품

오후에는 국제 남극 센터(International Antarctic Centre)를 방문하였다. 크라이스트처치 공항 근처에 있는데 1913년 설립되었으며 남극에 대한 모든 것을 한눈에 보고 느끼고 체험할 수 있는 곳이다.

국제 남극 센터

남극 탐험의 역사를 보여 주는 전시관에서는 아문센과 스콧의 자료가 전시되어 있고 남극 생활관에는 펭귄 등 남극의 다양한 생물들이 있다.

눈썰매

노스 & 아이스 체험관에 들어가 강추위 속에서 버티는 체험을 해 보았다. 두꺼운 방한복을 입고 체험관에 들어가니 서서히 온도를 낮추어 영하 17℃까지 내려간다. 한 겨울처럼 세찬 바람까지 몰아쳐 잠깐이나마 겨울을 체험했다.

노스 & 아이스 체험관

4D 영화관에서는 남극에서 생활하는 동물들과 남극의 모습을 입체로 보여 주어 무척 실감이 난다.

남극조약에 가입한 나라들을 사진으로 정리해 놓았다. 남극조약에 가입한 우리나라의 사진도 붙어 있다.

남극조합 가입 국가 표시

국제 남극 센터를 관람하고 6.6km 떨어져 있는 Airport Gateway Motor Lodge에 도착하여 그동안 싣고 다니던 짐을 정리하였다. 이렇게 뉴질랜드 관광을 모두 마쳤다.

크라이스트처치 공항 부근에 있는 렌터카 사무실에 가서 렌터카를 반납하였다. 50여 일 동안 뉴질랜드 전역을 누비고 다니던 차량을 반납하고 나니 마음이 홀가분하다. 뉴질랜드 일주 여행은 이렇게 끝나고 이제 귀국하는 일만 남았다.

DAY 54 | 오클랜드 Auckland
2019. 5. 3. 금

🚗 관광지별 이동거리

Airport Gateway Motor Lodge(1.8km) ➡ 크라이스트처치 공항

Auckland Airport(3.4km) ➡ Naumi Auckland Airport

계 5.2km

🔖 여행기

    오늘은 남 섬의 크라이스트처치를 출발하여 북 섬의 오클랜드로 이동하는 일정이다. 북 섬에 있는 오클랜드에서 서울로 출발하는 직항을 이용하기 위해서이다.

    오전 8시 호텔을 출발하였다. 호텔에서 제공하는 셔틀버스로 10여 분 만에 크라이스트처치 공항(Christchurch International Airport)에 도착하였다.

    크라이스트처치 공항에서 간단하게 탑승 수속을 하고 오전 11시 10분 크라이스트처치 공항을 이륙하였다. 비행기가 이륙하여 고도를 높이자 크라이스트처치 시내의 모습이 한눈에 들어온다. 맑은 가을 하늘 아래 보이는 크라이스트처치 도시가 평화로워 보인다.

크라이스트처치 시내

비행기 창가에 기대어 비행기 아래로 펼쳐지는 뉴질랜드 산하를 바라본다. 53일 동안 부지런히 이동하면서 보고 느꼈던 뉴질랜드의 아름다운 산하가 머릿속에 아련히 그려진다. 짧지 않은 기간이었지만 짧은 느낌이 드는 아직도 아쉬움이 남는 여행이다.

비행기가 이륙하여 20여 분 지나니 멀리 아름다운 빙산의 모습이 나타나고 초지로 뒤덮인 민둥산이 길게 이어진다.

빙산

12시 20분경 오클랜드 시내의 모습이 가깝게 보이더니 비행기는 오클랜드 공항(Auckland Airport)에 사뿐히 내려앉는다. 공항에 내리니 한낮의 날씨가 무척 덥게 느껴진다.

오클랜드 공항에 있는 식당에서 점심식사를 하고 공항에서 5km 정도 떨어져 있는 Naumi Auckland Hotel로 이동하였다. 공항터미널 B지점에서 출발하는 노란색 셔틀버스를 타니 15분 정도 소요된다. 호텔은 조용하고 시설도 깨끗하다.

Naumi Auckland Hotel

로비 천장에 걸려 있는 조명등이 아름답다.

조명등

내일이면 여행을 마치고 뉴질랜드를 떠나게 된다. 힘든 일정이었지만 보람도 많이 느꼈던 즐거운 여행이었다.

DAY
55 | **오클랜드** Auckland
2019. 5. 4. 토

 **관광지별 이동거리**

Naumi Auckland Airport(4.3km) ➡ Auckland Airport

계 4.3km

여행기

　오늘은 모든 여행을 마치고 뉴질랜드를 출발하여 한국으로 귀국하는 날이다.

　오전 7시 10분 Naumi Auckland Airport 호텔을 출발하였다. 주변에는 안개가 자욱하다.

　호텔에서 제공하는 셔틀버스를 타고 10여 분 만에 오클랜드 공항에 도착하여 출국 수속을 하였다. 안개가 많이 끼어 비행기가 이륙할 수 있을까 걱정된다.

　오전 10시 15분 대한항공 여객기는 오클랜드 공항에서 이륙하기 시작한다. 안개가 조금 걷히기는 했어도 주변이 안개로 흐릿하다. 비행기가 이륙하여 고도를 높이니 청명한 하늘이 나타나고 푸른 바다가 내려다보인다.

청명한 하늘

비행기가 비행을 시작하여 5시간 정도 지나 적도 부근인데 상공의 기류변화가 심한지 비행기가 크게 요동친다.

적도 부근 비행 궤적

비행기가 우리나라 영내로 접어들어 인천공항에 가까워지니 하늘이 뿌옇게 흐려 시야가 거의 보이지 않을 정도다. 뉴질랜드의 청명한 하늘과 너무나 크게 대조가 된다.

오후 6시 50분 인천 공항에 도착하였다. 예정시간보다 40여 분 빨리 도착하였다. 인천공항의 날씨는 뉴질랜드보다 따뜻하여 포근한 느낌이 든다.

이렇게 꿈만 같았던 55일간의 뉴질랜드 일주 여행이 끝났다.
아름다운 여행의 여운이 길게 이어진다.

마치는 글

뉴질랜드 일주!

참으로 아름다운 여행이었다.

아지랑이 피어오르듯 아름다운 뉴질랜드의 자연을 가슴 깊이 느낄 수 있었던 보람 있는 여행이었고, 자연의 아름다움이 무엇인가를 볼 수 있는 좋은 시간이었다.

처음 여행을 시작한 오클랜드는 뉴질랜드 제1의 도시답게 도시 전체가 무척 활기찬 모습이었고, 북 섬의 최북단에 있는 레잉아 등대 주변의 푸른 바다와 어울린 해변은 참으로 아름다웠다.

와이포우아 카우리 숲과 카우리 그루브(Kauri Groove)의 거대한 카우리 나무를 보면서 잘 보존된 자연의 가치를 느꼈다.

로토루아에 있는 지열지대 와이오타푸 서멀 원더랜드(Wai-O-Tapu Thermal Wonderland)의 화려한 컬러의 간헐천과, 테 푸이아의 간헐천 포후투(Pohutu)의 장엄한 모습에서 자연의 위대함을 느꼈다.

석회질 바위가 겹겹이 쌓여 마치 팬케이크를 쌓아 놓은 것처럼 자연이 만든 독특한 조형물 팬케이크 록(Pancake Rocks)의 아름다운 풍광과 빙하지대(The Glaciers)의 프란츠 요셉 빙하(Franz Josef Glacier)의 웅장한 모습, 세계적인 아름다운 관광지 밀포드 사운드 피오르드 지형의 변화무쌍한 자연 경관, 세계자연유산으로 지정된 하얀 눈으로 뒤덮인 마운트 쿡(해발 3,754m)의 장엄한 모습은 자연의 아름다움을 느끼게 해 주는 무척 감격스러움 그 자체다.

와이토모 동굴(Waitomo Caves)에서 밤하늘의 별빛처럼 영롱한 반딧불이의 황홀한 빛의 향연과, 인구의 14배가 된다는 수많은 양떼의 무리들이 한가롭게 풀을 뜯고 있는 목가적인 분위기는 지금도 눈에 선하다.

55일간의 긴 뉴질랜드 일주 여행은 이렇게 끝을 맺었다. 너무나 아름답고 즐거운 여행이었다.

매일 하루 일정을 마치고 그날의 여행기를 작성하여 "cafe.daum.net/KOREANDULLEGIL"에 올렸는데 많은 분들이 참여하여 성원과 격려를 해 주셨다.

인터넷이 원활하지 못하여 그날의 여행기를 카페에 올리지 못하였던 날도 있었고 그날의 여행 일정으로 피곤하여 여행기를 작성하지 못하였던 날도 있었다. 시간적인 제약과 지면상의 제약 등으로 아름다운 자연의 모습을 모두 정리하지 못한 아쉬움이 있었지만 무척 힘들었던 일정 속에서도 여행을 마치는 날까지 매일매일의 여행기를 모두 올릴 수 있었던 것만으로 만족하려고 한다.

이제 다시 일상으로 돌아와 지나온 뉴질랜드의 아름다운 자연을 음미하며 오늘의 시간에 충실하고 싶다.

그동안 많은 관심과 성원을 보내 주신 모든 분들에게 깊은 감사의 말씀을 드립니다. 감사합니다.